25 Ejercicios para Aprender Pytorch.

Desde Cero.

Introducción:

Bienvenido a "25 Ejercicios para Aprender PyTorch". Este libro está diseñado para proporcionarte una sólida comprensión de PyTorch, una de las bibliotecas de aprendizaje automático más populares y poderosas disponibles en Python. A lo largo de esta guía, explorarás una variedad de ejercicios prácticos que te ayudarán a dominar los fundamentos de PyTorch y a aplicarlos en diversos contextos del mundo real.

Parte 1: Fundamentos de PyTorch

En el primera parte, nos sumergiremos en los conceptos básicos de PyTorch. Comenzaremos desde cero, explorando los tensores, la estructura de datos fundamental en PyTorch, así como las operaciones básicas que se pueden realizar con ellos. También nos adentraremos en el mecanismo de autograd de PyTorch, que proporciona una forma eficiente de calcular gradientes automáticamente para optimizar modelos de aprendizaje automático.

Parte 2: Construcción de Modelos

En este capítulo, aprenderás a construir y entrenar modelos de aprendizaje automático utilizando PyTorch. Exploraremos la creación de redes neuronales profundas, la definición de arquitecturas complejas y la aplicación de técnicas avanzadas para mejorar el rendimiento del modelo. También cubriremos la optimización y el entrenamiento del modelo, así como las mejores prácticas para monitorizar y evaluar su rendimiento.

Parte 3: Ejercicios Prácticos

Finalmente, en la tercera parte, aplicarás todo lo que has aprendido en una serie de ejercicios prácticos. Desde la clasificación de imágenes hasta la generación de texto y la detección de objetos, estos ejercicios te desafiarán a utilizar PyTorch en una variedad de escenarios del mundo real. Cada ejercicio vendrá acompañado de una explicación detallada y consejos útiles para guiar tu aprendizaje.

Con "25 Ejercicios para Aprender PyTorch", estamos seguros de que desarrollarás una comprensión sólida y práctica de esta poderosa biblioteca de aprendizaje automático. ¡Prepárate para sumergirte en el emocionante mundo de PyTorch y llevar tus habilidades de aprendizaje automático al siguiente nivel!

Índice:

Capítulo 1: Introducción a PyTorch

Que es Pytorch?

PyTorch es una biblioteca de código abierto de aprendizaje automático y computación científica desarrollada principalmente por Facebook's AI Research lab (FAIR). Se destaca por su enfoque dinámico de la definición de gráficos computacionales y su popularidad en la comunidad de investigación y desarrollo de aprendizaje profundo.

Aquí hay una explicación más detallada de sus principales componentes y características:

1. Gráficos Dinámicos:

PyTorch utiliza un enfoque de gráficos computacionales dinámicos. Esto significa que los gráficos computacionales se construyen y ejecutan en tiempo real a medida que se definen las operaciones, lo que proporciona una mayor flexibilidad y facilidad para depurar y desarrollar modelos. En comparación, otros marcos como TensorFlow usan gráficos estáticos, donde el grafo se define por completo antes de ejecutar cualquier operación.

2. Tensors y Operaciones:

En el corazón de PyTorch están los tensores, que son arreglos multidimensionales similares a los arrays de NumPy. Los tensores en PyTorch pueden contener datos de cualquier tipo y se pueden operar utilizando una amplia gama de funciones y operaciones matemáticas.

3. Flexibilidad y Usabilidad:

PyTorch es conocido por su API amigable y fácil de usar, lo que lo hace ideal para investigadores y desarrolladores que desean experimentar con nuevas ideas y prototipos de modelos. La sintaxis de PyTorch es más cercana a Python, lo que facilita la escritura de código intuitivo y legible.

4. Integración con Python:

PyTorch se integra bien con el ecosistema de Python y otras bibliotecas populares como NumPy, SciPy y pandas. Esto permite a los usuarios aprovechar las funciones y herramientas disponibles en Python para manipular datos y desarrollar modelos de manera eficiente.

5. Soporte para GPU:

PyTorch está diseñado para aprovechar el poder de las unidades de procesamiento gráfico (GPU) para acelerar el entrenamiento de modelos de aprendizaje profundo. Los tensores en PyTorch se pueden transferir fácilmente entre la CPU y la GPU, lo que permite una computación eficiente en paralelo.

6. Comunidad Activa:

PyTorch cuenta con una comunidad activa de desarrolladores y usuarios que contribuyen con nuevas características, correcciones de errores y recursos educativos. Esto significa que hay una amplia gama de tutoriales, documentación y bibliotecas adicionales disponibles para los usuarios de PyTorch.

En resumen, PyTorch es una poderosa biblioteca de aprendizaje automático que ofrece flexibilidad, usabilidad y un enfoque dinámico para la definición de modelos de aprendizaje profundo. Su popularidad continua en la comunidad de investigación y desarrollo lo convierte en una opción atractiva para una variedad de aplicaciones en el campo del aprendizaje automático y la inteligencia artificial.

Instalación de PyTorch

La instalación de PyTorch puede variar ligeramente dependiendo de tu sistema operativo y de si deseas utilizar la versión con CPU o GPU. Aquí te doy las instrucciones básicas para instalar PyTorch en diferentes configuraciones comunes:

Instalación con pip (para CPU):

```
pip install torch torchvision torchaudio
```

Instalación con pip (para GPU):

Si tienes una GPU NVIDIA y deseas utilizar PyTorch con soporte
para GPU, necesitarás una versión de PyTorch que esté compilada
con soporte para CUDA. Primero, asegúrate de tener instalado
CUDA Toolkit según la versión compatible con tu GPU. Luego
puedes instalar PyTorch con pip:

```
pip install torch torchvision torchaudio
```

Instalación con Conda:

Si prefieres utilizar Conda, puedes instalar PyTorch a través del
canal conda-forge:

```
conda install pytorch torchvision torchaudio
cudatoolkit=<version> -c pytorch -c conda-forge
```

Nota: Reemplaza `<version>` con la versión de CUDA Toolkit que
estés utilizando, por ejemplo, `cudatoolkit=10.2` para CUDA 10.2.

Instalación para otros sistemas operativos:

Si estás utilizando un sistema operativo diferente a Linux o Windows, como macOS, las instrucciones pueden variar ligeramente. Puedes encontrar instrucciones detalladas para la instalación en el sitio web oficial de PyTorch.

Recuerda que también puedes verificar la documentación oficial de PyTorch para obtener las últimas instrucciones de instalación y los requisitos del sistema. Además, ten en cuenta que es posible que desees crear un entorno virtual para tu proyecto antes de instalar PyTorch, para mantener las dependencias separadas y organizadas.

Primeros pasos: Tensor básico y operaciones

Para comenzar con PyTorch, lo primero que necesitas entender son los tensores y las operaciones básicas que puedes realizar con ellos. Los tensores son estructuras de datos similares a los arrays multidimensionales que se utilizan para representar datos en PyTorch. Aquí tienes algunos pasos básicos para trabajar con tensores y realizar operaciones simples:

1. Importar PyTorch:

Primero, importa la biblioteca PyTorch en tu script o entorno de Python:

```
import torch
```

2. Crear Tensores:

Puedes crear tensores de varias maneras en PyTorch. Algunas de las formas comunes de crear tensores son:

Tensores vacíos:

```
# Crear un tensor vacío (no inicializado) de
tamaño 3x3
empty_tensor = torch.empty(3, 3)
print(empty_tensor)
```

Tensores aleatorios:

```
# Crear un tensor con valores aleatorios entre 0
y 1 de tamaño 2x2
random_tensor = torch.rand(2, 2)
print(random_tensor)
```

Tensores de ceros:

```python
# Crear un tensor de ceros de tamaño 3x3
zero_tensor = torch.zeros(3, 3)



print(zero_tensor)
```

Tensores de unos:

```python
# Crear un tensor de unos de tamaño 3x3
ones_tensor = torch.ones(3, 3)
print(ones_tensor)
```

Tensores a partir de listas o arrays:

```python
# Crear un tensor a partir de una lista de Python
tensor_from_list = torch.tensor([[1, 2, 3], [4,
5, 6]])
print(tensor_from_list)

# Crear un tensor a partir de un array de NumPy
import numpy as np
numpy_array = np.array([[1, 2, 3], [4, 5, 6]])
tensor_from_numpy = torch.tensor(numpy_array)
print(tensor_from_numpy)
```

3. Operaciones Básicas:

PyTorch permite realizar una amplia gama de operaciones matemáticas en los tensores. Algunas de las operaciones básicas son:

Suma:

```
x = torch.tensor([[1, 2], [3, 4]])
y = torch.tensor([[5, 6], [7, 8]])
result = torch.add(x, y)
print(result)
```

Multiplicación:

```
x = torch.tensor([[1, 2], [3, 4]])
y = torch.tensor([[5, 6], [7, 8]])
result = torch.matmul(x, y)
print(result)
```

Transposición:

```
x = torch.tensor([[1, 2], [3, 4]])
result = torch.transpose(x, 0, 1)
print(result)
```

Estos son solo algunos ejemplos de las operaciones básicas que puedes realizar con tensores en PyTorch. Con estos conceptos básicos, puedes comenzar a construir y manipular datos en PyTorch para trabajar en proyectos de aprendizaje automático y más allá.

Capítulo 2: Manipulación de Datos con PyTorch

Trabajando con conjuntos de datos

Trabajar con conjuntos de datos es fundamental en el aprendizaje automático. PyTorch proporciona herramientas y utilidades para cargar, preprocesar y manipular conjuntos de datos de manera eficiente. Aquí te mostraré cómo puedes trabajar con conjuntos de datos en PyTorch:

1. Dataset y DataLoader:

PyTorch tiene una clase llamada `Dataset` que te permite crear un objeto para representar tu conjunto de datos. Además, el `DataLoader` te permite cargar y administrar los datos de manera eficiente durante el entrenamiento del modelo.

```python
from torch.utils.data import Dataset, DataLoader

# Definir una clase para tu conjunto de datos
class MiDataset(Dataset):
 def __init__(self, data):
 self.data = data

 def __len__(self):
 return len(self.data)

 def __getitem__(self, idx):
 return self.data[idx]
```

```python
# Crear una instancia del conjunto de datos
dataset = MiDataset([1, 2, 3, 4, 5])

# Crear un DataLoader para cargar el conjunto de
datos
dataloader = DataLoader(dataset, batch_size=2,
shuffle=True)

# Iterar sobre los lotes de datos en el
DataLoader
for batch in dataloader:
 print(batch)
```

2. Conjuntos de datos integrados:

PyTorch también proporciona conjuntos de datos integrados a través del módulo `torchvision` para tareas de visión por computadora y `torchaudio` para tareas de procesamiento de audio. Estos conjuntos de datos están disponibles para su descarga y uso directo en tus proyectos.

```python
import torchvision.datasets as datasets

# Ejemplo de carga del conjunto de datos MNIST
mnist_dataset = datasets.MNIST(root='data/',
train=True, transform=None, download=True)

# Crear un DataLoader para cargar el conjunto de
datos MNIST
mnist_dataloader = DataLoader(mnist_dataset,
batch_size=32, shuffle=True)
```

```python
# Iterar sobre los lotes de datos en el
DataLoader

for images, labels in mnist_dataloader:
 print(images.shape, labels.shape)
```

3. Preprocesamiento de datos:

Puedes utilizar transformaciones de datos disponibles en PyTorch para realizar el preprocesamiento necesario en tus conjuntos de datos, como la normalización, el recorte, la rotación, etc.

```python
import torchvision.transforms as transforms

# Ejemplo de transformación de datos para el
conjunto de datos MNIST
transform = transforms.Compose([
  transforms.ToTensor(), # Convertir imágenes a
tensores
  transforms.Normalize((0.5,), (0.5,)) #
Normalizar imágenes
])

# Aplicar transformación al conjunto de datos
MNIST
mnist_dataset = datasets.MNIST(root='data/',
train=True, transform=transform, download=True)
```

Con estas herramientas y técnicas, puedes cargar, preprocesar y manipular conjuntos de datos en PyTorch de manera efectiva para entrenar tus modelos de aprendizaje automático.

Transformaciones de datos

Las transformaciones de datos en PyTorch son funciones que se aplican a los datos durante el proceso de carga o manipulación de los mismos. Estas transformaciones son muy útiles para realizar tareas de preprocesamiento, aumento de datos (data augmentation), normalización y cualquier otra operación necesaria para preparar los datos antes de alimentarlos a un modelo de aprendizaje automático.

PyTorch proporciona el módulo `torchvision.transforms` para una amplia gama de transformaciones de datos predefinidas que se pueden aplicar a conjuntos de datos de imágenes. Aquí tienes algunos ejemplos de transformaciones de datos comunes:

1. Convertir imágenes a tensores:

```
import torchvision.transforms as transforms

# Transformación para convertir imágenes a
tensores
to_tensor = transforms.ToTensor()
```

2. Normalización de imágenes:

```
# Transformación para normalizar imágenes con
media y desviación estándar específicas
normalize = transforms.Normalize(mean=[0.5, 0.5,
0.5], std=[0.5, 0.5, 0.5])
```

3. Cambiar el tamaño de las imágenes:

```python
# Transformación para cambiar el tamaño de las
imágenes a un tamaño específico
resize = transforms.Resize((100, 100))
```

4. Aumento de datos (data augmentation):

```python
# Transformación para aplicar aumento de datos
aleatorio (rotación, volteo horizontal, etc.)
random_augmentation =
transforms.RandomApply([transforms.RandomRotation
(10),
  transforms.RandomHorizontalFlip(),
  transforms.ColorJitter(brightness=0.2,
contrast=0.2, saturation=0.2, hue=0.1)], p=0.5)
```

5. Composición de transformaciones:

```python
# Combinar varias transformaciones en una sola
composición
composed_transforms = transforms.Compose([resize,
to_tensor, normalize])
```

Estas son solo algunas de las transformaciones disponibles en PyTorch. Puedes combinar estas transformaciones según tus necesidades específicas y aplicarlas a conjuntos de datos de imágenes antes de cargarlos utilizando la clase `torchvision.datasets.ImageFolder` o `torchvision.datasets.DatasetFolder`, o en el proceso de carga utilizando el `DataLoader`.

Usar transformaciones de datos adecuadas es crucial para mejorar el rendimiento y la generalización de tu modelo de aprendizaje automático.

Cargadores de datos

En PyTorch, los cargadores de datos son objetos que te permiten cargar y administrar conjuntos de datos de manera eficiente durante el entrenamiento de tus modelos. Los cargadores de datos son especialmente útiles cuando trabajas con grandes conjuntos de datos que no caben en la memoria RAM de tu máquina, ya que te permiten cargar y procesar lotes de datos en la CPU o GPU de manera incremental. Aquí te muestro cómo usar los cargadores de datos en PyTorch:

1. DataLoader:

El `DataLoader` es una clase en PyTorch que te permite cargar y administrar conjuntos de datos. Puedes especificar varias configuraciones, como el tamaño del lote, si deseas mezclar los datos, si deseas utilizar multiprocessing para la carga de datos, etc.

```
from torch.utils.data import DataLoader
```

```python
# Crear un DataLoader para cargar el conjunto de
datos
dataloader = DataLoader(dataset, batch_size=32,
shuffle=True, num_workers=4)
```

2. Iteración sobre el DataLoader:

Puedes iterar sobre el `DataLoader` para obtener lotes de datos durante el entrenamiento de tu modelo. Cada iteración te dará un lote de datos, que generalmente consta de una tupla de tensores (datos y etiquetas).

```python
# Iterar sobre los lotes de datos en el DataLoader
for data, labels in dataloader:
 # Procesar el lote de datos
 pass
```

3. Uso de prefetching y multiprocessing:

El `DataLoader` admite el uso de multiprocessing para cargar datos de manera más eficiente, especialmente cuando se trabaja con conjuntos de datos grandes. Puedes especificar el número de subprocesos (workers) para la carga de datos utilizando el argumento `num_workers`.

```python
# Crear un DataLoader con multiprocessing
dataloader = DataLoader(dataset, batch_size=32, shuffle=True,
num_workers=4)
```

4. Personalización del DataLoader:

Puedes personalizar aún más el comportamiento del `DataLoader` definiendo tu propia función de muestreo, transformaciones de datos personalizadas, collate_fn, etc. Esto te permite adaptar el DataLoader a las necesidades específicas de tu proyecto.

```python
from torch.utils.data import Sampler

# Definir una clase de muestreo personalizada
class MySampler(Sampler):
 def __init__(self, data):
 self.data = data

 def __iter__(self):
 # Implementa la lógica de muestreo personalizada
 pass

# Crear un DataLoader con un muestreo
personalizado
sampler = MySampler(dataset)
dataloader = DataLoader(dataset, batch_size=32,
sampler=sampler)
```

En resumen, los cargadores de datos en PyTorch te proporcionan una forma eficiente de cargar y administrar conjuntos de datos durante el entrenamiento de tus modelos. Puedes personalizar el comportamiento del DataLoader según tus necesidades específicas y mejorar la eficiencia del proceso de entrenamiento.

Capítulo 3: Construcción de Modelos de Aprendizaje Profundo

Conceptos básicos de redes neuronales

Aquí tienes una explicación de los conceptos básicos de las redes neuronales:

Neurona Artificial:

Una neurona artificial es una unidad básica de procesamiento en una red neuronal artificial. Se basa en el concepto de una neurona biológica y realiza operaciones matemáticas en entradas para producir una salida. Una neurona artificial típicamente tiene múltiples entradas (representadas por valores numéricos), cada una multiplicada por un peso correspondiente, se suman todas estas entradas ponderadas, se les agrega un sesgo (bias) y luego se pasa el resultado a través de una función de activación.

Capa Neuronal:

Una capa neuronal, también conocida como capa de neuronas, es un conjunto de neuronas artificiales organizadas en una capa dentro de una red neuronal. En una red neuronal, las neuronas están organizadas en capas, y la información fluye desde la capa de entrada a través de una o más capas ocultas hasta la capa de salida. Cada capa neuronal puede tener un número variable de neuronas y puede tener una función de activación específica.

Función de Activación:

Una función de activación es una función matemática aplicada a la salida de una neurona para introducir no linealidad en la red neuronal y permitir que la red modele relaciones y patrones más complejos en los datos. Algunas funciones de activación comunes incluyen la función sigmoide, la función ReLU (Rectified Linear Unit), la función tanh (tangente hiperbólica) y la función softmax.

Conexiones Ponderadas:

En una red neuronal, cada conexión entre neuronas tiene un peso asociado que determina la contribución de la entrada a la salida de la neurona. Estos pesos se ajustan durante el proceso de entrenamiento de la red neuronal para minimizar una función de pérdida y mejorar el rendimiento de la red en una tarea específica.

Función de Pérdida:

La función de pérdida, también conocida como función de costo, es una medida de qué tan bien está funcionando el modelo en una tarea específica. Se utiliza para evaluar la diferencia entre las predicciones del modelo y los valores reales del conjunto de datos. Durante el entrenamiento de la red neuronal, el objetivo es minimizar esta función de pérdida ajustando los pesos de la red mediante técnicas de optimización como el descenso del gradiente.

Retropropagación (Backpropagation):

La retropropagación es un algoritmo utilizado para entrenar redes neuronales mediante el cálculo eficiente de gradientes de la función de pérdida con respecto a los pesos de la red. Este algoritmo utiliza la regla de la cadena para propagar los errores desde la capa de salida hacia atrás a través de la red, calculando los gradientes de la función de pérdida con respecto a los pesos de la red. Estos gradientes se utilizan luego para actualizar los pesos mediante un algoritmo de optimización, como el descenso del gradiente estocástico (SGD).

Estos son algunos de los conceptos básicos de las redes neuronales artificiales. Comprender estos conceptos es fundamental para trabajar con redes neuronales y aprender a diseñar, entrenar y ajustar modelos de aprendizaje profundo.

Construcción de una red neuronal simple en PyTorch

Aquí tienes un ejemplo básico de cómo construir una red neuronal simple en PyTorch:

```
import torch
import torch.nn as nn
import torch.optim as optim
```

```python
# Definir la arquitectura de la red neuronal
class SimpleNN(nn.Module):
 def __init__(self, input_size, hidden_size,
output_size):
  super(SimpleNN, self).__init__()
  self.fc1 = nn.Linear(input_size, hidden_size) #
Capa completamente conectada (input_size ->
hidden_size)
  self.relu = nn.ReLU() # Función de activación
ReLU
  self.fc2 = nn.Linear(hidden_size, output_size) #
Capa completamente conectada (hidden_size ->
output_size)

 def forward(self, x):
  x = self.fc1(x) # Pasar por la primera capa y
aplicar función de activación
  x = self.relu(x)
  x = self.fc2(x) # Pasar por la segunda capa
  return x


# Definir los parámetros de la red neuronal
input_size = 784 # Tamaño de entrada (por
ejemplo, 28x28 imágenes en formato plano)
hidden_size = 128 # Tamaño de la capa oculta
output_size = 10 # Tamaño de salida (por ejemplo,
10 clases para clasificación)


# Crear una instancia de la red neuronal
model = SimpleNN(input_size, hidden_size,
output_size)
```

```python
# Definir la función de pérdida y el optimizador
criterion = nn.CrossEntropyLoss() # Función de
pérdida de entropía cruzada para clasificación
optimizer = optim.SGD(model.parameters(),
lr=0.001) # Optimizador de descenso de gradiente
estocástico (SGD)

# Ejemplo de cómo usar la red neuronal
# Supongamos que tienes un lote de datos de
entrada x
x = torch.randn(64, input_size) # Ejemplo de lote
de entrada de tamaño 64
# Pasar el lote de datos a través de la red
neuronal
output = model(x)
print(output.shape) # Imprimir la forma de la
salida
```

En este ejemplo, definimos una red neuronal simple con una capa oculta y una capa de salida. Utilizamos la función de activación ReLU entre las capas. Luego definimos los parámetros de la red neuronal, la función de pérdida (en este caso, la entropía cruzada) y el optimizador (en este caso, SGD). Finalmente, pasamos un lote de datos de entrada a través de la red neuronal y obtenemos la salida predicha. Este es solo un ejemplo básico para ilustrar cómo construir una red neuronal simple en PyTorch. Puedes personalizar la arquitectura de la red, la función de pérdida y el optimizador según tus necesidades específicas.

Definición de arquitecturas de red más complejas

Definir arquitecturas de redes neuronales más complejas en PyTorch sigue un proceso similar al de construir una red neuronal simple, pero con la adición de capas adicionales, funciones de activación personalizadas, regularización, técnicas de normalización, entre otros. Aquí te muestro un ejemplo de cómo definir una arquitectura de red neuronal más compleja en PyTorch:

Supongamos que queremos construir una red neuronal convolucional (CNN) para clasificación de imágenes. En este ejemplo, utilizaremos una arquitectura básica de CNN con múltiples capas convolucionales y de pooling seguidas por capas completamente conectadas:

```python
import torch
import torch.nn as nn
import torch.nn.functional as F

class CNN(nn.Module):
 def __init__(self, num_classes=10):
 super(CNN, self).__init__()
 # Capas convolucionales
 self.conv1 = nn.Conv2d(in_channels=3,
out_channels=16, kernel_size=3, stride=1,
padding=1)
 self.conv2 = nn.Conv2d(in_channels=16,
out_channels=32, kernel_size=3, stride=1,
padding=1)
```

```python
        # Capas de pooling
        self.pool = nn.MaxPool2d(kernel_size=2,
stride=2, padding=0)
        # Capas completamente conectadas
        self.fc1 = nn.Linear(32 * 32 * 32, 512)
        self.fc2 = nn.Linear(512, num_classes)
        # Regularización
        self.dropout = nn.Dropout(0.5)

    def forward(self, x):
        x = F.relu(self.conv1(x))
        x = self.pool(x)
        x = F.relu(self.conv2(x))
        x = self.pool(x)
        # Aplanar la salida para las capas completamente
conectadas
        x = x.view(-1, 32 * 32 * 32)
        x = F.relu(self.fc1(x))
        x = self.dropout(x)
        x = self.fc2(x)
        return x

# Crear una instancia del modelo
model = CNN()

# Imprimir la arquitectura de la red
print(model)
```

En este ejemplo:

- Hemos definido una clase `CNN` que hereda de `nn.Module`, que es la clase base para todos los modelos en PyTorch.
- Definimos las capas convolucionales (`nn.Conv2d`) con activación ReLU (`F.relu`) y capas de pooling (`nn.MaxPool2d`).
- Añadimos capas completamente conectadas (`nn.Linear`) después de las capas convolucionales.
- Utilizamos regularización Dropout (`nn.Dropout`) para evitar el sobreajuste.
- En el método `forward`, definimos cómo se propagan los datos a través de la red.

Este es solo un ejemplo básico de cómo definir una arquitectura de red neuronal más compleja en PyTorch. Puedes personalizar esta arquitectura agregando más capas, ajustando los hiperparámetros, utilizando técnicas avanzadas como normalización por lotes, conexiones residuales, etc. Dependerá de la tarea específica que estés abordando y de la complejidad de los datos.

Capítulo 4: Entrenamiento de Modelos en PyTorch

Definición de la función de pérdida

La función de pérdida, también conocida como función de costo, es una medida de qué tan bien está funcionando el modelo en una tarea específica. En PyTorch, puedes definir fácilmente la función de pérdida utilizando los módulos proporcionados en `torch.nn` o las funciones de pérdida disponibles en `torch.nn.functional`.

Aquí tienes algunos ejemplos de cómo definir diferentes funciones de pérdida en PyTorch:

Ejemplo 1: Entropía Cruzada Categórica (Cross-Entropy Loss) para clasificación multiclase:

```python
import torch.nn as nn
```

```
# Definir la función de pérdida de entropía
cruzada categórica

criterion = nn.CrossEntropyLoss()
```

Ejemplo 2: Pérdida cuadrática (Mean Squared Error) para regresión:

```
# Definir la función de pérdida de error
cuadrático medio

criterion = nn.MSELoss()
```

Ejemplo 3: Pérdida de error absoluto (Mean Absolute Error) para regresión:

```
# Definir la función de pérdida de error absoluto
medio

criterion = nn.L1Loss()
```

Ejemplo 4: Pérdida de penalización L1 o L2 para regularización:

```python
# Definir la función de pérdida de penalización
L1 (norma L1)

criterion = nn.L1Loss()

# Definir la función de pérdida de penalización
L2 (norma L2)

criterion = nn.MSELoss()
```

Ejemplo 5: Pérdida personalizada:

Puedes definir tu propia función de pérdida personalizada creando una subclase de `nn.Module` y sobrescribiendo el método `forward`. Aquí tienes un ejemplo básico:

```python
class CustomLoss(nn.Module):

  def __init__(self):

  super(CustomLoss, self).__init__()


  def forward(self, pred, target):
```

```python
    # Calcular la pérdida personalizada aquí

    loss = torch.mean((pred - target) ** 2) #
Ejemplo de pérdida de error cuadrático medio

    return loss

# Usar la pérdida personalizada

criterion = CustomLoss()
```

Una vez que hayas definido tu función de pérdida, puedes utilizarla durante el entrenamiento de tu modelo pasando las predicciones del modelo y los objetivos verdaderos al criterio de pérdida, y luego calculando la pérdida llamando al método `backward` en la pérdida resultante para realizar la retropropagación.

Optimización y entrenamiento del modelo

Para entrenar un modelo en PyTorch, necesitas definir la arquitectura del modelo, la función de pérdida y el optimizador, y luego iterar sobre los datos de entrenamiento para actualizar los pesos del modelo utilizando la retropropagación del error. Aquí tienes los pasos básicos para optimizar y entrenar un modelo en PyTorch:

1. Definir la arquitectura del modelo:

Primero, define la arquitectura de tu modelo utilizando la clase `torch.nn.Module`. Esto incluye definir las capas y operaciones que componen tu modelo.

2. Definir la función de pérdida:

Selecciona una función de pérdida adecuada para tu tarea de aprendizaje. Por ejemplo, para la clasificación, puedes usar la entropía cruzada categórica (`torch.nn.CrossEntropyLoss`) y para la regresión, puedes usar el error cuadrático medio (`torch.nn.MSELoss`).

3. Definir el optimizador:

Elige un optimizador para actualizar los pesos del modelo durante el entrenamiento. Algunos optimizadores comunes incluyen el descenso de gradiente estocástico (SGD), el algoritmo de Adam y RMSprop.

4. Ciclo de entrenamiento:

Itera sobre los datos de entrenamiento en mini lotes. Por cada mini lote, realiza los siguientes pasos:

- Paso 1: Realiza una pasada hacia adelante (forward pass) para obtener las predicciones del modelo.
- Paso 2: Calcula la pérdida utilizando la función de pérdida y las predicciones del modelo.

- Paso 3: Realiza una pasada hacia atrás (backward pass) para calcular los gradientes de la pérdida con respecto a los parámetros del modelo.
- Paso 4: Actualiza los pesos del modelo utilizando el optimizador.

Ejemplo de ciclo de entrenamiento:

```python
# Definir el modelo, la función de pérdida y el
optimizador
model = MyModel()
criterion = nn.CrossEntropyLoss()
optimizer = optim.SGD(model.parameters(),
lr=0.001)

# Ciclo de entrenamiento
for epoch in range(num_epochs):
 running_loss = 0.0
 for inputs, labels in train_loader:
 # Paso 1: Forward pass
 outputs = model(inputs)

 # Paso 2: Calcular la pérdida
 loss = criterion(outputs, labels)

 # Paso 3: Backward pass y optimización
 optimizer.zero_grad()
 loss.backward()
 optimizer.step()

 running_loss += loss.item() * inputs.size(0)
```

```python
# Calcular la pérdida promedio en cada época
epoch_loss = running_loss / len(train_dataset)
print(f'Epoch [{epoch+1}/{num_epochs}], Loss:
{epoch_loss:.4f}')
```

Este es un ciclo de entrenamiento básico en PyTorch. Recuerda ajustar los hiperparámetros como el número de épocas, la tasa de aprendizaje y el tamaño del lote según tus necesidades específicas y las características de tus datos. Además, puedes agregar validación cruzada, monitoreo del rendimiento del modelo en un conjunto de datos de validación y guardar el mejor modelo para su uso posterior.

Monitoreo del rendimiento del modelo durante el entrenamiento

Monitorear el rendimiento del modelo durante el entrenamiento es crucial para evaluar su desempeño y hacer ajustes necesarios en la arquitectura del modelo, los hiperparámetros y el proceso de entrenamiento. En PyTorch, puedes implementar el monitoreo del rendimiento del modelo durante el entrenamiento utilizando diversas técnicas. Aquí tienes algunas de las más comunes:

1. Registro de pérdida:

Registra la pérdida (loss) del modelo en cada época y visualízala para ver cómo cambia durante el entrenamiento. Puedes usar herramientas de visualización como TensorBoard o simplemente graficar la pérdida con Matplotlib.

2. Exactitud (Accuracy):

Calcula la exactitud del modelo en cada época utilizando un conjunto de datos de validación y monitorea cómo mejora a lo largo del entrenamiento.

3. Matriz de confusión:

Evalúa la matriz de confusión del modelo en el conjunto de datos de validación para obtener una comprensión más detallada de cómo se están clasificando las muestras.

4. Visualización de ejemplos erróneos:

Muestra ejemplos de datos que fueron clasificados incorrectamente por el modelo para comprender mejor las áreas donde el modelo está fallando y guiar futuras mejoras.

Ejemplo de monitoreo del rendimiento durante el entrenamiento:

```python
# Definir listas para almacenar pérdida y
exactitud
train_loss_list = []
valid_loss_list = []
accuracy_list = []
```

```python
# Ciclo de entrenamiento
for epoch in range(num_epochs):
 running_loss = 0.0
 correct = 0
 total = 0
 for inputs, labels in train_loader:


  # Paso 1: Forward pass
  outputs = model(inputs)

  # Paso 2: Calcular la pérdida
  loss = criterion(outputs, labels)

  # Paso 3: Backward pass y optimización
  optimizer.zero_grad()
  loss.backward()
  optimizer.step()


  running_loss += loss.item() * inputs.size(0)

  # Calcular la exactitud
  _, predicted = torch.max(outputs, 1)
  correct += (predicted == labels).sum().item()
  total += labels.size(0)


 # Calcular la pérdida y exactitud promedio en
 cada época
 epoch_train_loss = running_loss /
 len(train_dataset)
 epoch_train_accuracy = correct / total
```

```python
  # Evaluar el modelo en el conjunto de datos de
validación
 valid_loss, valid_accuracy =
evaluate_model(model, valid_loader, criterion)

  # Guardar las métricas de rendimiento en listas
 train_loss_list.append(epoch_train_loss)
 valid_loss_list.append(valid_loss)
 accuracy_list.append(valid_accuracy)


  # Imprimir métricas de rendimiento
 print(f'Epoch [{epoch+1}/{num_epochs}], Train
Loss: {epoch_train_loss:.4f}, Train Accuracy:
{epoch_train_accuracy:.4f}, Valid Loss:
{valid_loss:.4f}, Valid Accuracy:
{valid_accuracy:.4f}')

# Función para evaluar el modelo en el conjunto
de datos de validación
def evaluate_model(model, dataloader, criterion):
 model.eval()


 running_loss = 0.0
 correct = 0
 total = 0
 with torch.no_grad():
 for inputs, labels in dataloader:
 outputs = model(inputs)
 loss = criterion(outputs, labels)
 running_loss += loss.item() * inputs.size(0)
 _, predicted = torch.max(outputs, 1)
 correct += (predicted == labels).sum().item()
 total += labels.size(0)
```

```python
model.train()
loss = running_loss / len(dataloader.dataset)
accuracy = correct / total
return loss, accuracy
```

Este es solo un ejemplo básico de cómo monitorear el rendimiento del modelo durante el entrenamiento en PyTorch. Puedes adaptar este código según tus necesidades específicas y las métricas de rendimiento que deseas monitorear. Además, considera el uso de herramientas de visualización como TensorBoard para un monitoreo más avanzado y una mejor comprensión del rendimiento del modelo.

Capítulo 5: Validación y Evaluación de Modelos

Validación cruzada.

La validación cruzada es una técnica comúnmente utilizada para evaluar el rendimiento de un modelo de aprendizaje automático y estimar cómo se generaliza a datos no vistos. PyTorch no proporciona una función incorporada para la validación cruzada directamente, pero puedes implementarla fácilmente utilizando herramientas y funciones disponibles en PyTorch y otras bibliotecas como Scikit-learn.

Aquí tienes un ejemplo de cómo implementar la validación cruzada en PyTorch utilizando Scikit-learn:

```python
import numpy as np
from sklearn.model_selection import StratifiedKFold

# Definir los datos y las etiquetas
X = np.array([[1, 2], [3, 4], [5, 6], [7, 8]])
y = np.array([0, 0, 1, 1])

# Definir el número de divisiones para la
validación cruzada
```

```python
num_splits = 3

# Crear un objeto de validación cruzada
estratificada
kf = StratifiedKFold(n_splits=num_splits)

# Ciclo sobre las divisiones de la validación
cruzada
for train_index, val_index in kf.split(X, y):
  # Dividir los datos en conjuntos de
entrenamiento y validación
  X_train, X_val = X[train_index], X[val_index]
  y_train, y_val = y[train_index], y[val_index]

  # Entrenar y evaluar el modelo en el conjunto de
entrenamiento y validación
  # (aquí se debe incluir el proceso de
entrenamiento y evaluación del modelo)

  # Por ejemplo, entrenar un modelo de PyTorch
  # model.fit(X_train, y_train)

  # Evaluar el modelo en el conjunto de validación
  # accuracy = model.evaluate(X_val, y_val)

  # Imprimir la exactitud o cualquier otra métrica
de interés
  # print("Accuracy:", accuracy)
```

En este ejemplo:

- Definimos nuestros datos x y las etiquetas y.
- Creamos un objeto de validación cruzada estratificada (`StratifiedKFold`).
- Iteramos sobre las divisiones generadas por la validación cruzada.
- Dividimos los datos en conjuntos de entrenamiento y validación en cada iteración.
- Entrenamos y evaluamos nuestro modelo en cada división de la validación cruzada.

Puedes incluir el proceso de entrenamiento y evaluación de tu modelo de PyTorch dentro del bucle de la validación cruzada según sea necesario. Este enfoque te permite evaluar el rendimiento de tu modelo utilizando la validación cruzada y obtener una estimación más robusta de su rendimiento en datos no vistos.

Métricas de evaluación de modelos

Al evaluar modelos de aprendizaje automático, es importante utilizar métricas adecuadas que proporcionen información sobre su desempeño en la tarea específica que están abordando. A continuación, se presentan algunas métricas comunes de evaluación de modelos para diferentes tipos de problemas:

Problemas de clasificación binaria:

Exactitud (Accuracy):
- La proporción de predicciones correctas sobre el total de predicciones realizadas.
- No es adecuada si hay un desequilibrio significativo entre las clases.

Precisión (Precision):
- La proporción de verdaderos positivos (TP) sobre todos los positivos predichos (TP + FP).
- Mide la precisión de las predicciones positivas.

Recuperación (Recall o Sensibilidad):
- La proporción de verdaderos positivos (TP) sobre todos los positivos reales (TP + FN).
- Mide la capacidad del modelo para encontrar todos los casos positivos.

Puntuación F1 (F1 Score):
- La media armónica de precisión y recuperación.
- Proporciona un balance entre precisión y recuperación.

AUC-ROC:
- El área bajo la curva ROC.
- Mide la capacidad del modelo para distinguir entre clases positivas y negativas.

Problemas de clasificación multiclase:

Exactitud (Accuracy):
- La proporción de predicciones correctas sobre el total de predicciones realizadas.

Matriz de confusión:

- Proporciona información sobre los verdaderos positivos, verdaderos negativos, falsos positivos y falsos negativos para cada clase.

Reporte de clasificación:

- Proporciona precision, recall, f1-score y soporte para cada clase.

Problemas de regresión:

Error cuadrático medio (Mean Squared Error, MSE):

- El promedio de los cuadrados de las diferencias entre los valores predichos y los valores verdaderos.

Raíz del error cuadrático medio (Root Mean Squared Error, RMSE):

- La raíz cuadrada del error cuadrático medio.

Error absoluto medio (Mean Absolute Error, MAE):

- El promedio de las diferencias absolutas entre los valores predichos y los valores verdaderos.

R-cuadrado (R^2):

- La proporción de la varianza en la variable dependiente que es predecible a partir de las variables independientes.

Estas son algunas de las métricas comunes utilizadas para evaluar modelos de aprendizaje automático en diferentes tipos de problemas. Es importante seleccionar las métricas adecuadas según la naturaleza de tu problema y las necesidades específicas de tu aplicación.

Evaluación del modelo entrenado

Una vez que has entrenado tu modelo de aprendizaje automático, es importante evaluar su desempeño para comprender cómo generaliza a datos no vistos y si está cumpliendo con los criterios de éxito definidos para tu tarea específica. Aquí tienes los pasos básicos para evaluar un modelo entrenado en PyTorch:

1. Evaluación en datos de prueba:

Utiliza un conjunto de datos de prueba que no haya sido utilizado durante el entrenamiento o la validación del modelo. Esto te permite evaluar el rendimiento del modelo en datos que no ha visto antes y proporciona una estimación más realista de su desempeño en situaciones del mundo real.

2. Calcular las predicciones del modelo:

Pasa los datos de prueba por el modelo entrenado para obtener predicciones. Esto te dará las salidas del modelo para cada instancia en el conjunto de datos de prueba.

```python
model.eval() # Establecer el modelo en modo de
evaluación
with torch.no_grad(): # Desactivar el cálculo del
gradiente durante la evaluación
  outputs = model(test_data) # Obtener las
predicciones del modelo
```

3. Calcular métricas de evaluación:

Utiliza métricas adecuadas para tu problema específico para evaluar el desempeño del modelo en los datos de prueba. Puedes usar métricas como la exactitud, la precisión, la recuperación, el error cuadrático medio, etc., según el tipo de problema que estés abordando.

```python
# Por ejemplo, para clasificación binaria:
predicted_labels = torch.argmax(outputs, dim=1)
accuracy = (predicted_labels ==
test_labels).float().mean()
```

4. Interpretar los resultados:

Analiza las métricas de evaluación para comprender cómo está funcionando el modelo. Puedes visualizar la matriz de confusión, trazar curvas ROC, graficar las predicciones versus los verdaderos valores, etc., para obtener una comprensión más profunda del rendimiento del modelo.

Ejemplo de evaluación de un modelo de clasificación binaria:

```python
# Evaluar el modelo en el conjunto de datos de
prueba
model.eval()
with torch.no_grad():
 outputs = model(test_inputs)
 predicted_labels = torch.argmax(outputs, dim=1)
 accuracy = (predicted_labels ==
test_labels).float().mean()
```

```python
# Imprimir la exactitud
print(f'Accuracy on test set:
{accuracy.item():.4f}')
```

Ejemplo de evaluación de un modelo de regresión:

```python
# Evaluar el modelo en el conjunto de datos de
prueba
model.eval()
with torch.no_grad():
 outputs = model(test_inputs)
 mse = ((outputs - test_labels) ** 2).mean()

# Imprimir el error cuadrático medio
print(f'Mean Squared Error on test set:
{mse.item():.4f}')
```

Estos son los pasos básicos para evaluar un modelo entrenado en PyTorch. Es importante entender cómo evaluar correctamente el rendimiento del modelo para tomar decisiones informadas sobre su utilidad y eficacia en tu aplicación específica.

Capítulo 6: Transferencia de Aprendizaje y Fine-Tuning

Concepto de transferencia de aprendizaje

El aprendizaje por transferencia es una técnica en el campo del aprendizaje automático y la inteligencia artificial que implica aprovechar el conocimiento adquirido al resolver una tarea para mejorar el rendimiento en una tarea relacionada pero diferente. En el contexto del aprendizaje profundo, la transferencia de aprendizaje se refiere específicamente a la reutilización de modelos y conocimientos aprendidos previamente para resolver nuevas tareas.

Concepto clave:

Modelo pre-entrenado:
- Un modelo que ha sido entrenado en un conjunto de datos grande y diverso para resolver una tarea específica, como la clasificación de imágenes en el conjunto de datos ImageNet.

Tarea fuente (Source task):
- La tarea para la cual se ha entrenado el modelo pre-entrenado originalmente. Por ejemplo, la clasificación de imágenes en ImageNet.

Tarea objetivo (Target task):

- La nueva tarea para la cual se desea utilizar el modelo pre-entrenado o sus características aprendidas. Por ejemplo, la clasificación de imágenes de radiografías médicas para detectar enfermedades.

Proceso de transferencia de aprendizaje:

Selección del modelo pre-entrenado:

- Elige un modelo pre-entrenado que haya sido entrenado en una tarea y un conjunto de datos relevantes para tu tarea objetivo. Los modelos pre-entrenados más comunes son aquellos entrenados en grandes conjuntos de datos como ImageNet utilizando arquitecturas como ResNet, VGG, etc.

Congelar y ajustar capas:

- Congela las capas del modelo pre-entrenado para evitar que sus pesos se actualicen durante el entrenamiento en la nueva tarea.
- Opcionalmente, ajusta las últimas capas del modelo (o agrega nuevas capas) para adaptarlo a la nueva tarea. Estas capas adicionales se entrenarán con los datos de la tarea objetivo.

Entrenamiento en la tarea objetivo:

- Entrena el modelo resultante en la tarea objetivo utilizando los datos disponibles. Durante el entrenamiento, solo las capas ajustadas (o agregadas) se actualizan, mientras que las capas pre-entrenadas permanecen congeladas.

Beneficios de la transferencia de aprendizaje:

- Reducir el tiempo y los recursos de entrenamiento: Al aprovechar los modelos pre-entrenados, puedes evitar la necesidad de entrenar un modelo completo desde cero, lo que puede ser costoso computacionalmente.
- Mejorar el rendimiento con conjuntos de datos pequeños: Cuando se dispone de un conjunto de datos pequeño, la transferencia de aprendizaje puede ayudar a mejorar el rendimiento del modelo al utilizar el conocimiento previo aprendido en conjuntos de datos más grandes.
- Facilitar el entrenamiento en nuevas tareas: En lugar de diseñar y entrenar un modelo específico para cada tarea, puedes adaptar modelos pre-entrenados a diferentes tareas con relativamente poco esfuerzo.

En resumen, la transferencia de aprendizaje es una técnica poderosa que permite aprovechar el conocimiento previo de modelos pre-entrenados para mejorar el rendimiento en nuevas tareas, especialmente cuando se dispone de conjuntos de datos limitados o cuando se quiere reducir el tiempo y los recursos de entrenamiento.

Utilizando modelos pre-entrenados en PyTorch

En PyTorch, puedes utilizar modelos pre-entrenados fácilmente a través del paquete `torchvision.models`. Este paquete proporciona una variedad de modelos pre-entrenados que han sido entrenados en grandes conjuntos de datos como ImageNet. Aquí tienes un ejemplo básico de cómo cargar y utilizar un modelo pre-entrenado en PyTorch:

```python
import torch
import torchvision.models as models
import torchvision.transforms as transforms
from PIL import Image

# Cargar el modelo pre-entrenado
model = models.resnet18(pretrained=True)
model.eval() # Establecer el modelo en modo de
evaluación (no entrenamiento)

# Transformaciones de imagen para preparar la
imagen de entrada
transform = transforms.Compose([
  transforms.Resize(256), # Cambiar el tamaño de
la imagen a 256x256
  transforms.CenterCrop(224), # Recortar la imagen
al centro a un tamaño de 224x224
```

```python
    transforms.ToTensor(), # Convertir la imagen a
    tensor
    transforms.Normalize( # Normalizar la imagen con
    la media y la desviación estándar de ImageNet
        mean=[0.485, 0.456, 0.406],
        std=[0.229, 0.224, 0.225]
    )
])

# Cargar una imagen de ejemplo
image_path = 'example.jpg'
image = Image.open(image_path)

# Aplicar transformaciones a la imagen
input_tensor = transform(image)


input_batch = input_tensor.unsqueeze(0) # Añadir
una dimensión adicional para el lote

# Hacer una predicción con el modelo
with torch.no_grad(): # Desactivar el cálculo del
gradiente durante la evaluación
    output = model(input_batch)

# Obtener las etiquetas de clase del modelo
pre-entrenado
with open('imagenet_labels.txt') as f:
    labels = [line.strip() for line in
f.readlines()]

# Obtener la etiqueta predicha
_, predicted_idx = torch.max(output, 1)
predicted_label = labels[predicted_idx.item()]
```

```python
# Imprimir la etiqueta predicha
print("Predicted Label:", predicted_label)
```

En este ejemplo:

- Cargamos un modelo pre-entrenado ResNet-18 utilizando `models.resnet18(pretrained=True)`.
- Preparamos la imagen de entrada aplicando transformaciones utilizando `torchvision.transforms.Compose`.
- Realizamos una predicción con el modelo pre-entrenado utilizando la imagen de entrada.

- Utilizamos un archivo de texto que contiene las etiquetas de clase de ImageNet para mapear el índice de la clase predicha a su etiqueta correspondiente.

Asegúrate de cambiar `example.jpg` por la ruta de tu imagen de entrada y tener un archivo de texto `imagenet_labels.txt` que contenga las etiquetas de clase de ImageNet para que este ejemplo funcione correctamente. Este es solo un ejemplo básico para ilustrar cómo usar un modelo pre-entrenado en PyTorch. Puedes adaptar este código según tus necesidades específicas y la tarea que estés abordando.

Fine-tuning de modelos pre-entrenados para tareas específicas

El fine-tuning de modelos pre-entrenados es una técnica comúnmente utilizada en aprendizaje profundo para adaptar modelos pre-entrenados a tareas específicas. Consiste en tomar un modelo pre-entrenado, que ha sido entrenado en un conjunto de datos grande y general, y ajustar sus pesos en un conjunto de datos más pequeño y específico para la tarea que estás abordando. Esto puede resultar en un modelo que se adapta mejor a tu tarea específica con menos datos de entrenamiento que si entrenaras un modelo desde cero.

Aquí tienes los pasos básicos para realizar fine-tuning de modelos pre-entrenados en PyTorch:

1. Cargar el modelo pre-entrenado:

```python
import torch
import torchvision.models as models

# Cargar el modelo pre-entrenado
model = models.resnet18(pretrained=True)
```

2. Congelar las capas pre-entrenadas:

```python
# Congelar todas las capas pre-entrenadas
for param in model.parameters():
 param.requires_grad = False
```

3. Modificar la arquitectura del modelo:

```python
# Reemplazar la capa de clasificación final con
una nueva capa para adaptarse a la tarea
específica
num_ftrs = model.fc.in_features
model.fc = nn.Linear(num_ftrs, num_classes) #
Cambiar num_classes al número de clases en tu
tarea específica
```

4. Entrenar el modelo en el conjunto de datos de la tarea específica:

```python
import torch.optim as optim
import torch.nn as nn

# Definir la función de pérdida y el optimizador
criterion = nn.CrossEntropyLoss()


optimizer = optim.SGD(model.parameters(),
lr=0.001, momentum=0.9)


# Entrenar el modelo
model.train()
for epoch in range(num_epochs):
  running_loss = 0.0
  for inputs, labels in train_loader:
  optimizer.zero_grad()
  outputs = model(inputs)
  loss = criterion(outputs, labels)
  loss.backward()
  optimizer.step()
```

```python
    running_loss += loss.item() * inputs.size(0)
  epoch_loss = running_loss / len(train_dataset)
  print(f'Epoch [{epoch+1}/{num_epochs}], Loss:
{epoch_loss:.4f}')
```

5. Evaluar el modelo entrenado:

```python
# Evaluar el modelo en el conjunto de datos de
prueba
model.eval()
correct = 0
total = 0
with torch.no_grad():
 for inputs, labels in test_loader:
 outputs = model(inputs)
 _, predicted = torch.max(outputs, 1)
 total += labels.size(0)
```

```python
 correct += (predicted == labels).sum().item()
accuracy = correct / total
print(f'Accuracy on test set: {accuracy:.4f}')
```

Este es un ejemplo básico de cómo realizar fine-tuning de modelos pre-entrenados en PyTorch. Puedes ajustar los hiperparámetros, modificar la arquitectura del modelo y personalizar el proceso de entrenamiento según las necesidades específicas de tu tarea. Además, asegúrate de tener suficientes datos de entrenamiento para fine-tuning y de elegir un modelo pre-entrenado que sea relevante para tu dominio de aplicación.

Capítulo 7: Implementación de Redes Convolucionales y Recurrentes.

Redes convolucionales en PyTorch

En PyTorch, las redes neuronales convolucionales (CNN) se implementan utilizando el módulo `torch.nn`. Las CNN son particularmente útiles para tareas de visión por computadora, como clasificación de imágenes, detección de objetos y segmentación semántica. Aquí hay una guía básica sobre cómo construir y entrenar redes convolucionales en PyTorch:

1. Definir la arquitectura de la red:

```python
import torch.nn as nn

class CNN(nn.Module):
 def __init__(self):
 super(CNN, self).__init__()
```

```python
    self.conv1 = nn.Conv2d(in_channels=3,
out_channels=16, kernel_size=3, stride=1,
padding=1)
    self.conv2 = nn.Conv2d(in_channels=16,
out_channels=32, kernel_size=3, stride=1,
padding=1)
    self.fc1 = nn.Linear(32 * 32 * 32, 128)
    self.fc2 = nn.Linear(128, 10)

    def forward(self, x):
    x = F.relu(self.conv1(x))
    x = F.max_pool2d(x, kernel_size=2, stride=2)
    x = F.relu(self.conv2(x))
    x = F.max_pool2d(x, kernel_size=2, stride=2)
    x = x.view(-1, 32 * 32 * 32)
    x = F.relu(self.fc1(x))
    x = self.fc2(x)
    return x

model = CNN()
```

2. Definir la función de pérdida y el optimizador:

```python
import torch.optim as optim

criterion = nn.CrossEntropyLoss()
optimizer = optim.SGD(model.parameters(),
lr=0.001, momentum=0.9)
```

3. Entrenar la red:

```python
for epoch in range(num_epochs):
 running_loss = 0.0
 for i, data in enumerate(train_loader, 0):
 inputs, labels = data
 optimizer.zero_grad()
 outputs = model(inputs)
 loss = criterion(outputs, labels)
 loss.backward()
 optimizer.step()
 running_loss += loss.item()
 if i % 100 == 99:
 print('[%d, %5d] loss: %.3f' % (epoch + 1, i +
1, running_loss / 100))
 running_loss = 0.0
print('Finished Training')
```

4. Evaluar la red:

```python
correct = 0
total = 0
with torch.no_grad():
 for data in test_loader:
 images, labels = data
 outputs = model(images)
 _, predicted = torch.max(outputs.data, 1)
 total += labels.size(0)
 correct += (predicted == labels).sum().item()
 print('Accuracy of the network on the 10000 test
 images: %d %%' % (100 * correct / total))
```

Esto es solo un ejemplo básico para construir y entrenar una red neuronal convolucional en PyTorch. Puedes modificar la arquitectura de la red, experimentar con diferentes funciones de pérdida y optimizadores, y ajustar los hiperparámetros según las necesidades específicas de tu tarea. Además, es importante preprocesar los datos adecuadamente y considerar el uso de técnicas como la regularización y el aumento de datos para mejorar el rendimiento de la red.

Redes recurrentes en PyTorch.

En PyTorch, las redes neuronales recurrentes (RNN) se implementan utilizando el módulo `torch.nn`. Las RNN son útiles para modelar secuencias de datos, como texto, audio o series temporales. Aquí tienes una guía básica sobre cómo construir y entrenar redes recurrentes en PyTorch:

1. Definir la arquitectura de la red:

```python
import torch.nn as nn

class RNN(nn.Module):
```

```python
def __init__(self, input_size, hidden_size,
num_layers, num_classes):
 super(RNN, self).__init__()
 self.hidden_size = hidden_size


 self.num_layers = num_layers
 self.rnn = nn.RNN(input_size, hidden_size,
num_layers, batch_first=True)
 self.fc = nn.Linear(hidden_size, num_classes)

 def forward(self, x):
 h0 = torch.zeros(self.num_layers, x.size(0),
self.hidden_size).to(device)
 out, _ = self.rnn(x, h0)
 out = self.fc(out[:, -1, :])
 return out

model = RNN(input_size, hidden_size, num_layers,
num_classes)
```

2. Definir la función de pérdida y el optimizador:

```python
import torch.optim as optim

criterion = nn.CrossEntropyLoss()
optimizer = optim.Adam(model.parameters(),
lr=learning_rate)
```

3. Entrenar la red:

```python
total_step = len(train_loader)
```

```python
for epoch in range(num_epochs):
 for i, (images, labels) in
enumerate(train_loader):
 images = images.reshape(-1, sequence_length,
input_size).to(device)


 labels = labels.to(device)

 # Forward pass
 outputs = model(images)
 loss = criterion(outputs, labels)

 # Backward y optimize
 optimizer.zero_grad()
 loss.backward()
 optimizer.step()

 if (i+1) % 100 == 0:
 print ('Epoch [{}/{}], Step [{}/{}], Loss:
{:.4f}'
 .format(epoch+1, num_epochs, i+1, total_step,
loss.item()))
```

4. Evaluar la red:

```python
with torch.no_grad():
 correct = 0
 total = 0
 for images, labels in test_loader:
 images = images.reshape(-1, sequence_length,
input_size).to(device)
 labels = labels.to(device)
 outputs = model(images)
```

```python
_, predicted = torch.max(outputs.data, 1)
total += labels.size(0)
correct += (predicted == labels).sum().item()

print('Accuracy of the network on the 10000 test
images: {} %'.format(100 * correct / total))
```

Esto es solo un ejemplo básico para construir y entrenar una red neuronal recurrente en PyTorch. Puedes modificar la arquitectura de la red, experimentar con diferentes funciones de pérdida y optimizadores, y ajustar los hiperparámetros según las necesidades específicas de tu tarea. Además, es importante preprocesar los datos adecuadamente y considerar el uso de técnicas como la regularización y el aumento de datos para mejorar el rendimiento de la red.

Aplicaciones típicas de CNNs y RNNs

Las redes neuronales convolucionales (CNN) y las redes neuronales recurrentes (RNN) son arquitecturas fundamentales en el campo del aprendizaje profundo y tienen una amplia gama de aplicaciones en diversas áreas. Aquí hay algunas aplicaciones típicas de cada una:

Aplicaciones típicas de CNNs:

Clasificación de imágenes:
- Las CNN son ampliamente utilizadas para clasificar imágenes en categorías, como identificar tipos de objetos en una fotografía o reconocer caras en imágenes.

Detección de objetos:
- Las CNN se utilizan para detectar y localizar objetos dentro de imágenes, lo que es esencial para aplicaciones como sistemas de vigilancia, conducción autónoma y reconocimiento de gestos.

Segmentación semántica:
- Las CNN pueden segmentar imágenes en regiones semánticas, asignando una etiqueta a cada píxel, lo que es útil para tareas como la detección de tumores en imágenes médicas o la segmentación de carreteras en imágenes de vehículos autónomos.

Reconocimiento de patrones en imágenes médicas:
- Las CNN se utilizan para diagnosticar enfermedades a partir de imágenes médicas, como radiografías, resonancias magnéticas y tomografías computarizadas.

Procesamiento de vídeo y análisis de secuencias de imágenes:
- Las CNN pueden aplicarse al análisis de vídeo para tareas como la detección de acciones humanas, el seguimiento de objetos en movimiento y la identificación de eventos importantes.

Aplicaciones típicas de RNNs:

Procesamiento de lenguaje natural (NLP):
- Las RNN son ampliamente utilizadas en NLP para tareas como la traducción automática, la generación de texto, el análisis de sentimientos, la generación de subtítulos automáticos y el reconocimiento de voz.

Modelado de series temporales:
- Las RNN se utilizan para predecir valores futuros en series temporales, como el pronóstico del clima, el análisis financiero, la detección de anomalías en datos industriales y la predicción de la demanda en la cadena de suministro.

Generación de secuencias:
- Las RNN se utilizan para generar secuencias de datos, como la generación de música, la generación de texto y la generación de código de programación.

Análisis de texto y clasificación de documentos:
- Las RNN se utilizan para analizar y clasificar documentos de texto, como clasificar reseñas de productos, filtrar spam en correos electrónicos y etiquetar artículos de noticias.

Modelado de dependencias a largo plazo:
- Las RNN son adecuadas para modelar dependencias a largo plazo en secuencias de datos, lo que las hace útiles para tareas como el análisis de conversaciones, la traducción de documentos largos y la comprensión de historias narrativas.

Estas son solo algunas de las aplicaciones típicas de las CNN y las RNN. Ambas arquitecturas son muy versátiles y se pueden aplicar en una amplia gama de problemas de aprendizaje automático en diferentes dominios.

Capítulo 8: Despliegue de Modelos de PyTorch

Exportación de modelos entrenados

Para exportar un modelo entrenado en PyTorch, tienes varias opciones dependiendo de cómo planeas utilizar el modelo exportado. Aquí hay algunas opciones comunes:

1. Guardar el modelo completo:

Puedes guardar todo el modelo, incluidos los pesos y la arquitectura, en un solo archivo utilizando `torch.save()`. Esto es útil si planeas cargar el modelo posteriormente para continuar entrenando o para hacer inferencias.

```python
torch.save(model, 'modelo_entrenado.pth')
```

Para cargar el modelo posteriormente:

```python
model = torch.load('modelo_entrenado.pth')
```

2. Guardar solo los pesos del modelo:

Si solo necesitas los pesos del modelo sin la arquitectura, puedes guardar solo los parámetros del modelo.

```python
torch.save(model.state_dict(),
'pesos_modelo.pth')
```

Para cargar los pesos en un modelo con la misma arquitectura:

```python
model = Modelo() # Crea una instancia del modelo
con la misma arquitectura
model.load_state_dict(torch.load('pesos_modelo.pt
h'))
```

3. Exportar a formato ONNX:

Puedes convertir el modelo entrenado a formato ONNX, que es un formato interoperable y puede ser utilizado en otros frameworks de aprendizaje automático diferentes a PyTorch.

```python
input_sample = torch.randn(1, 3, 224, 224) #
Ejemplo de entrada para el modelo
torch.onnx.export(model, input_sample,
'modelo_entrenado.onnx')
```

4. Exportar a TorchScript:

TorchScript es una forma de serializar modelos de PyTorch en un formato que puede ser ejecutado de manera independiente del entorno de Python.

```
# Convertir el modelo a TorchScript
scripted_model = torch.jit.script(model)
# Guardar el modelo TorchScript
scripted_model.save('modelo_entrenado.pt')
```

Estas son algunas de las formas comunes de exportar modelos entrenados en PyTorch. Elije la opción que mejor se adapte a tus necesidades y al uso previsto del modelo exportado.

Integración de modelos en aplicaciones

Integrar modelos de aprendizaje automático en aplicaciones puede ser un proceso desafiante pero gratificante. Aquí hay algunas pautas generales para ayudarte a integrar modelos en tus aplicaciones:

1. Elección del entorno de implementación:

- Python: Si tu aplicación ya está en Python, integrar modelos de PyTorch es una opción natural.

- Servidores web: Puedes utilizar marcos como Flask o Django para crear servicios web que sirvan modelos de PyTorch.
- Aplicaciones móviles: Utiliza frameworks como TensorFlow Lite para integrar modelos en aplicaciones móviles.

2. Optimización del modelo:

- Tamaño del modelo: Considera la optimización del tamaño del modelo si se despliega en entornos con recursos limitados, como dispositivos móviles.
- Inferencia eficiente: Utiliza técnicas como la cuantización y la poda de modelos para mejorar la eficiencia del modelo durante la inferencia.

3. Exposición del modelo:

- Servicio web: Crea una API web que envuelva tu modelo entrenado para que pueda ser accesible a través de solicitudes HTTP.
- Interfaz de usuario: Integra el modelo en la interfaz de usuario de tu aplicación, permitiendo a los usuarios interactuar directamente con él.

4. Manejo de errores y excepciones:

- Implementa manejo de errores robusto para manejar situaciones inesperadas, como problemas de conexión a la red o errores de inferencia del modelo.

5. Monitoreo y registro:

- Registro de solicitudes: Registra las solicitudes al modelo para tener información sobre cómo se está utilizando y cómo está respondiendo.
- Monitoreo de rendimiento: Supervisa el rendimiento del modelo para detectar posibles problemas y optimizar su rendimiento.

6. Seguridad y privacidad:

- Autenticación y autorización: Implementa medidas de seguridad adecuadas para proteger el acceso al modelo y los datos sensibles.
- Privacidad de los datos: Asegúrate de cumplir con las regulaciones de privacidad de datos y de proteger la información confidencial.

7. Actualización y mantenimiento:

- Planifica cómo manejar actualizaciones y mantenimiento del modelo, incluida la capacidad de implementar versiones nuevas y mejoradas sin interrumpir el funcionamiento de la aplicación.

8. Pruebas y evaluación:

- Realiza pruebas exhaustivas en todas las etapas del desarrollo para garantizar que el modelo funcione correctamente y se comporte como se espera en diferentes escenarios.

- Evalúa regularmente el rendimiento del modelo en producción y realiza ajustes según sea necesario.

Integrar modelos de aprendizaje automático en aplicaciones puede ser un proceso complejo, pero siguiendo estas pautas generales puedes crear aplicaciones potentes y eficaces que aprovechen el poder del aprendizaje automático para resolver problemas del mundo real.

Consideraciones de rendimiento y escalabilidad

Al integrar modelos de aprendizaje automático en aplicaciones, es fundamental tener en cuenta consideraciones de rendimiento y escalabilidad para garantizar que la aplicación funcione de manera eficiente y pueda manejar cargas de trabajo crecientes. Aquí hay algunas consideraciones importantes:

1. Rendimiento del modelo:

- Inferencia eficiente: Optimiza el modelo para realizar inferencias de manera rápida y eficiente, especialmente si se utiliza en aplicaciones en tiempo real.
- Paralelización: Aprovecha la capacidad de las GPUs y TPUs para paralelizar cálculos y acelerar la inferencia del modelo.
- Optimización de tamaño: Reduce el tamaño del modelo tanto como sea posible sin comprometer la precisión para mejorar el rendimiento y la eficiencia del almacenamiento.

2. Escalabilidad horizontal:

- Distribución de la carga de trabajo: Diseña la arquitectura de la aplicación para que pueda escalar horizontalmente distribuyendo la carga de trabajo entre múltiples instancias o servidores.
- Balanceo de carga: Implementa un sistema de balanceo de carga para distribuir las solicitudes de manera uniforme entre los servidores disponibles y evitar la congestión.

3. Manejo de solicitudes concurrentes:

- Concurrencia del servidor: Asegúrate de que el servidor que sirve las solicitudes del modelo sea capaz de manejar múltiples solicitudes concurrentes de manera eficiente.
- Pooling de conexiones: Usa técnicas como el pooling de conexiones para reducir el tiempo de espera y la sobrecarga de la conexión al manejar múltiples solicitudes simultáneas.

4. Cache de resultados:

- Cache de resultados de inferencia: Implementa un sistema de cache de resultados para almacenar temporalmente los resultados de inferencia de solicitudes anteriores y evitar la redundancia de cálculos.
- Cache de modelos: Cachea el modelo en la memoria para evitar cargarlo desde el disco en cada solicitud, especialmente si el modelo es grande y se utiliza con frecuencia.

5. Monitorización y ajuste:

- Monitorización del rendimiento: Supervisa el rendimiento de la aplicación y el modelo en producción para identificar cuellos de botella y áreas de mejora.
- Ajuste automático de recursos: Implementa mecanismos automáticos para ajustar dinámicamente los recursos de la aplicación en función de la carga de trabajo y las demandas del modelo.

6. Escalabilidad vertical:

- Escalabilidad del servidor: Aumenta los recursos del servidor, como la CPU y la memoria, verticalmente según sea necesario para manejar cargas de trabajo crecientes.
- Escalabilidad del almacenamiento: Asegúrate de que el almacenamiento utilizado para almacenar modelos y datos de entrada/salida sea escalable y pueda manejar grandes volúmenes de datos.

7. Pruebas de rendimiento:

- Realiza pruebas exhaustivas de rendimiento para simular cargas de trabajo reales y validar que la aplicación y el modelo puedan manejar la demanda esperada sin degradación del rendimiento.
- Identifica los límites de capacidad y las áreas de mejora mediante pruebas de estrés y pruebas de rendimiento de escalabilidad.

Al considerar estas consideraciones de rendimiento y escalabilidad al integrar modelos de aprendizaje automático en aplicaciones, puedes crear sistemas robustos y eficientes que puedan escalar para manejar cargas de trabajo crecientes y proporcionar una experiencia de usuario fluida y receptiva.

Capítulo 9: Trabajando con Datos de Imágenes, Texto y Secuencias

Preprocesamiento de datos de imágenes

El preprocesamiento de datos de imágenes es una etapa crucial en el desarrollo de modelos de aprendizaje automático para tareas de visión por computadora. Aquí hay algunas técnicas comunes de preprocesamiento de datos de imágenes:

1. Redimensionamiento:

- Ajusta el tamaño de todas las imágenes a una dimensión específica, lo que facilita el procesamiento y la alimentación al modelo.
- Puedes redimensionar las imágenes para que tengan la misma resolución o aspecto.

2. Normalización:

- Normaliza los valores de píxel para que estén en un rango específico, como [0, 1] o [-1, 1].
- La normalización ayuda a estandarizar los datos y puede mejorar la convergencia del modelo.

3. Aumento de datos:

- Aplica transformaciones aleatorias a las imágenes de entrenamiento, como rotaciones, traslaciones, reflejos y cambios de brillo, para aumentar la diversidad del conjunto de datos y mejorar la capacidad del modelo para generalizar.
- El aumento de datos es especialmente útil cuando se tiene un conjunto de datos pequeño.

4. Recorte:

- Realiza recortes aleatorios o centrados en las imágenes para enfocar la atención en las regiones de interés y eliminar el ruido de fondo.
- El recorte puede ayudar al modelo a enfocarse en características relevantes y mejorar el rendimiento.

5. Normalización por lotes:

- Normaliza cada lote de imágenes durante el entrenamiento para que tengan una media y una varianza similares.
- La normalización por lotes puede mejorar la estabilidad del entrenamiento y acelerar la convergencia del modelo.

6. Conversión a tensores:

- Convierte las imágenes de entrada en tensores de PyTorch o el formato adecuado para tu biblioteca de aprendizaje automático.
- Asegúrate de que los canales de color estén en el orden correcto (por ejemplo, RGB o BGR) y que las dimensiones de la imagen sean compatibles con la entrada del modelo.

7. Eliminación de ruido:

- Aplica filtros de suavizado o técnicas de eliminación de ruido para reducir el impacto del ruido en las imágenes.
- La eliminación de ruido puede mejorar la calidad de las imágenes y hacer que las características relevantes sean más distinguibles para el modelo.

8. Normalización por canal:

- Normaliza cada canal de color de manera independiente para que tengan una distribución similar.
- Esto puede ayudar a evitar que ciertos canales dominen sobre otros durante el entrenamiento.

9. Conversión a escala de grises:

- Si el color no es relevante para tu tarea, considera convertir las imágenes a escala de grises para reducir la complejidad del modelo y acelerar el procesamiento.

Estas son solo algunas de las técnicas comunes de preprocesamiento de datos de imágenes. La elección de las técnicas de preprocesamiento dependerá de la naturaleza de tus datos y la tarea específica que estés abordando. Experimenta con diferentes técnicas y observa cómo afectan el rendimiento del modelo en tu conjunto de datos.

Preprocesamiento de datos de texto

El preprocesamiento de datos de texto es una etapa esencial en el desarrollo de modelos de procesamiento de lenguaje natural (NLP). Aquí tienes algunas técnicas comunes de preprocesamiento de datos de texto:

1. Tokenización:

- Dividir el texto en unidades más pequeñas, como palabras o subpalabras, conocidas como tokens.
- Puedes usar tokenización basada en espacios en blanco, tokenización basada en caracteres o tokenización basada en modelos de lenguaje pre-entrenados.

2. Eliminación de caracteres especiales y puntuación:

- Eliminar caracteres especiales, como signos de puntuación, símbolos y caracteres no alfabéticos, que pueden no ser relevantes para la tarea.
- Sin embargo, ten en cuenta que a veces la puntuación puede contener información útil, como en el caso de análisis de sentimientos.

3. Conversión a minúsculas:

- Convertir todo el texto a minúsculas para que las palabras escritas de forma diferente pero con el mismo significado sean tratadas de la misma manera.
- Esto ayuda a reducir la dimensionalidad del vocabulario y a mejorar la generalización del modelo.

4. Eliminación de stop words:

- Eliminar palabras comunes y poco informativas, como "el", "la", "de", "y", que no contribuyen significativamente al contenido semántico del texto.
- La lista de stop words puede variar según el idioma y la tarea específica.

5. Normalización de palabras:

- Normalizar palabras utilizando técnicas como lematización o stemming para reducir las palabras a su forma base.
- Por ejemplo, convertir "corriendo", "correrá", "corrió" a "correr" mediante lematización o stemming.

6. Eliminación de números:

- Eliminar números del texto si no son relevantes para la tarea, como en el caso de análisis de sentimientos o detección de temas.
- Sin embargo, en algunas tareas, como el análisis financiero, los números pueden ser importantes y deben conservarse.

7. Eliminación de espacios en blanco adicionales:

- Eliminar espacios en blanco adicionales, tabulaciones y otros caracteres no deseados para garantizar la coherencia en el formato del texto.

8. Tokenización de n-gramas:

- Tokenizar el texto en n-gramas, que son secuencias contiguas de n palabras.
- Esto puede capturar mejor la estructura gramatical y semántica del texto que la tokenización de palabras individuales.

9. Eliminación de URLs y direcciones de correo electrónico:

- Eliminar URLs, direcciones de correo electrónico y otros patrones específicos que puedan no ser relevantes para la tarea y podrían introducir ruido en el texto.

Estas son solo algunas de las técnicas comunes de preprocesamiento de datos de texto. La elección de las técnicas de preprocesamiento dependerá de la naturaleza de tus datos, la tarea específica que estés abordando y el modelo que estés utilizando. Experimenta con diferentes técnicas y observa cómo afectan el rendimiento de tu modelo de NLP en tu conjunto de datos.

Preprocesamiento de datos de secuencias temporales

El preprocesamiento de datos de secuencias temporales es crucial para preparar los datos para su uso en modelos de aprendizaje automático, como redes neuronales recurrentes (RNN) o redes neuronales convolucionales (CNN) aplicadas a series temporales. Aquí hay algunas técnicas comunes de preprocesamiento de datos de secuencias temporales:

1. Normalización:

- Normalizar los datos para que tengan una escala similar, lo que puede mejorar la convergencia del modelo y evitar que las características dominen sobre otras.
- Puedes usar técnicas como la normalización min-max o la normalización z-score.

2. Discretización:

- Discretizar los datos continuos en intervalos discretos o categorías, lo que puede simplificar el problema y hacerlo más fácil de modelar.
- Por ejemplo, agrupar los valores continuos en rangos discretos o asignar etiquetas categóricas a los valores.

3. Ventanas deslizantes:

- Dividir la secuencia temporal en ventanas deslizantes de tamaño fijo, lo que convierte el problema en uno de predicción de series temporales a uno de predicción de valores futuros basados en un historial de valores pasados.
- Esto puede simplificar el problema y hacerlo más manejable para los modelos de aprendizaje automático.

4. Rellenar datos faltantes:

- Manejar valores faltantes en la secuencia temporal mediante técnicas como la interpolación, el relleno con el valor medio o la propagación hacia adelante o hacia atrás.
- Es importante manejar los datos faltantes de manera adecuada para evitar introducir sesgos en el modelo.

5. Reducción de dimensionalidad:

- Reducir la dimensionalidad de los datos de secuencias temporales utilizando técnicas de extracción de características, como PCA (Análisis de Componentes Principales) o TSNE (T-Distributed Stochastic Neighbor Embedding).
- Esto puede ayudar a reducir la complejidad del modelo y mejorar la eficiencia computacional.

6. Codificación de tiempo:

- Codificar el tiempo como características adicionales en la secuencia temporal, como día de la semana, hora del día o temporada, que pueden ser importantes para la predicción.

- Esto permite al modelo capturar patrones estacionales o tendencias a lo largo del tiempo.

7. Suavizado de datos:

- Aplicar técnicas de suavizado a la secuencia temporal para reducir el ruido y resaltar las tendencias subyacentes.
- Por ejemplo, suavizar los datos con promedios móviles o filtros de suavizado exponencial.

8. Aumento de datos:

- Generar datos de entrenamiento adicionales mediante técnicas como el desplazamiento en el tiempo, la rotación o la inversión de la secuencia temporal.
- El aumento de datos puede mejorar la capacidad del modelo para generalizar y capturar una variedad más amplia de patrones.

Estas son algunas de las técnicas comunes de preprocesamiento de datos de secuencias temporales. La elección de las técnicas de preprocesamiento dependerá de la naturaleza específica de tus datos y de la tarea que estés abordando con tu modelo de aprendizaje automático. Experimenta con diferentes técnicas y observa cómo afectan el rendimiento de tu modelo en tu conjunto de datos de series temporales.

Capítulo 10: Proyectos Prácticos

Implementación de proyectos completos utilizando PyTorch con Ejemplos de aplicaciones del mundo real y Mejores prácticas y consejos para la implementación

Ejercicio 1. Clasificación de imágenes:

- Desarrolla un clasificador de imágenes que pueda distinguir entre diferentes clases de objetos en conjuntos de datos populares como CIFAR-10, MNIST o ImageNet.
- Explora arquitecturas de redes neuronales convolucionales (CNN) y técnicas de aumento de datos para mejorar el rendimiento del modelo.

Solución:

Aquí tienes un ejemplo de cómo desarrollar un clasificador de imágenes utilizando PyTorch para el conjunto de datos CIFAR-10:

```python
import torch
import torchvision
import torchvision.transforms as transforms
import torch.nn as nn
import torch.optim as optim

# Definir transformaciones de preprocesamiento
transform = transforms.Compose([
  transforms.ToTensor(),
  transforms.Normalize((0.5, 0.5, 0.5), (0.5, 0.5,
0.5))
])

# Descargar conjunto de datos CIFAR-10 y aplicar
transformaciones
trainset =
torchvision.datasets.CIFAR10(root='./data',
train=True,
 download=True, transform=transform)
trainloader =
torch.utils.data.DataLoader(trainset,
batch_size=4,
 shuffle=True, num_workers=2)
```

```python
testset =
torchvision.datasets.CIFAR10(root='./data',
train=False,

  download=True, transform=transform)
testloader = torch.utils.data.DataLoader(testset,
batch_size=4,
  shuffle=False, num_workers=2)

classes = ('plane', 'car', 'bird', 'cat',
  'deer', 'dog', 'frog', 'horse', 'ship', 'truck')

# Definir la arquitectura de la red neuronal
class Net(nn.Module):
 def __init__(self):
  super(Net, self).__init__()
  self.conv1 = nn.Conv2d(3, 6, 5)
  self.pool = nn.MaxPool2d(2, 2)
  self.conv2 = nn.Conv2d(6, 16, 5)
  self.fc1 = nn.Linear(16 * 5 * 5, 120)
  self.fc2 = nn.Linear(120, 84)
  self.fc3 = nn.Linear(84, 10)

 def forward(self, x):
  x = self.pool(F.relu(self.conv1(x)))
  x = self.pool(F.relu(self.conv2(x)))
  x = x.view(-1, 16 * 5 * 5)
  x = F.relu(self.fc1(x))
  x = F.relu(self.fc2(x))
  x = self.fc3(x)
  return x

# Instanciar la red neuronal y definir función de
pérdida y optimizador
```

```python
net = Net()
criterion = nn.CrossEntropyLoss()
optimizer = optim.SGD(net.parameters(), lr=0.001,
momentum=0.9)


# Entrenamiento del modelo
for epoch in range(2):
 running_loss = 0.0
 for i, data in enumerate(trainloader, 0):
 inputs, labels = data
 optimizer.zero_grad()
 outputs = net(inputs)
 loss = criterion(outputs, labels)
 loss.backward()
 optimizer.step()
 running_loss += loss.item()
 if i % 2000 == 1999: # Imprimir estadísticas
cada 2000 mini-batches
 print('[%d, %5d] loss: %.3f' %
 (epoch + 1, i + 1, running_loss / 2000))
 running_loss = 0.0

print('Finished Training')

# Guardar el modelo entrenado
PATH = './cifar_net.pth'
torch.save(net.state_dict(), PATH)
```

Resumen General:

Este código carga el conjunto de datos CIFAR-10, define una red neuronal convolucional simple, entrena el modelo y guarda los pesos del modelo entrenado. Puedes usar este modelo entrenado para clasificar imágenes nuevas en el conjunto de datos CIFAR-10.

Explicación Detallada del Ejercicio:

Este código implementa un clasificador de imágenes utilizando la biblioteca PyTorch. A continuación, se ofrece una explicación detallada de cada parte del código:

- *Importación de bibliotecas*: Se importan las bibliotecas necesarias, incluidas PyTorch y torchvision para el manejo de conjuntos de datos y transformaciones de imágenes, así como las bibliotecas torch.nn y torch.optim para definir la arquitectura de la red neuronal y el proceso de optimización.
- *Definición de transformaciones de preprocesamiento*: Se definen las transformaciones de preprocesamiento que se aplicarán a las imágenes del conjunto de datos CIFAR-10. En este caso, las imágenes se convierten en tensores y luego se normalizan.
- *Descarga y carga del conjunto de datos CIFAR-10*: Se descargan el conjunto de datos CIFAR-10 tanto para entrenamiento como para pruebas. Se aplican las transformaciones definidas anteriormente y se crean los objetos DataLoader para facilitar el acceso a los datos durante el entrenamiento y la evaluación.
- *Definición de clases*: Se define una lista de clases que corresponden a las etiquetas del conjunto de datos CIFAR-10.

- *Definición de la arquitectura de la red neuronal:* Se define la arquitectura de la red neuronal en la clase `Net`. Esta red consiste en dos capas de convolución seguidas por capas de pooling, seguidas por tres capas completamente conectadas (fully connected). Cada capa convolucional está seguida por una función de activación ReLU. La salida de la última capa completamente conectada proporciona las predicciones de clase para las imágenes de entrada.
- *Instanciación de la red neuronal y definición de la función de pérdida y optimizador:* Se instancia la red neuronal definida anteriormente (`Net`) y se define la función de pérdida de entropía cruzada y el optimizador de SGD (descenso de gradiente estocástico) con un learning rate de 0.001 y momentum de 0.9.
- *Entrenamiento del modelo:* Se realiza el bucle de entrenamiento durante dos épocas. Dentro del bucle, se iteran sobre los mini-batches del conjunto de datos de entrenamiento y se realizan los pasos de forward y backward propagation para calcular y actualizar los gradientes. El optimizador se utiliza para ajustar los pesos de la red neuronal en función de los gradientes calculados.
- *Guardado del modelo entrenado:* Una vez completado el entrenamiento, el modelo entrenado se guarda en un archivo con extensión `.pth` para su uso futuro.

En resumen, este código define, entrena y guarda un clasificador de imágenes utilizando PyTorch y el conjunto de datos CIFAR-10.

Ejercicio 2. Generación de texto:

- Implementa un modelo de generación de texto que pueda generar texto coherente y relevante, como la generación de nombres de personajes, historias cortas o subtítulos de imágenes.
- Utiliza arquitecturas de redes neuronales recurrentes (RNN) o transformadores para generar texto secuencialmente.

Solución:

Aquí tienes un ejemplo de cómo implementar un modelo de generación de texto utilizando una red neuronal recurrente (RNN) en PyTorch:

```python
import torch
import torch.nn as nn
import torch.optim as optim
import numpy as np

# Datos de entrenamiento
text = "Lorem ipsum dolor sit amet, consectetur
adipiscing elit, sed do eiusmod tempor incididunt
ut labore et dolore magna aliqua. Ut enim ad
minim veniam, quis nostrud exercitation ullamco
laboris nisi ut aliquip ex ea commodo consequat.
Duis aute irure dolor in reprehenderit in
voluptate velit esse cillum dolore eu fugiat
nulla pariatur. Excepteur sint occaecat cupidatat
non proident, sunt in culpa qui officia deserunt
mollit anim id est laborum."
```

```python
# Crear diccionarios de caracteres
chars = list(set(text))
char_to_idx = {ch: i for i, ch in
enumerate(chars)}
idx_to_char = {i: ch for i, ch in
enumerate(chars)}
vocab_size = len(chars)

# Convertir texto a secuencia de índices
text_indices = [char_to_idx[ch] for ch in text]

# Función para generar lotes de datos de entrada
y salida
def create_batches(text_indices, batch_size,
seq_length):
  num_batches = len(text_indices) // (batch_size *
seq_length)
  text_indices = text_indices[:num_batches *
batch_size * seq_length]
  x = np.array(text_indices)
  y = np.zeros_like(x)
  y[:-1] = x[1:]
  y[-1] = x[0]
  x_batches = np.split(x.reshape(batch_size, -1),
num_batches, 1)
  y_batches = np.split(y.reshape(batch_size, -1),
num_batches, 1)
  return list(zip(x_batches, y_batches))

# Definir el modelo RNN
class RNN(nn.Module):
```

```python
    def __init__(self, input_size, hidden_size,
output_size):
  super(RNN, self).__init__()


  self.hidden_size = hidden_size
  self.embedding = nn.Embedding(input_size,
hidden_size)
  self.rnn = nn.GRU(hidden_size, hidden_size,
batch_first=True)
  self.fc = nn.Linear(hidden_size, output_size)

  def forward(self, x, hidden):
  x = self.embedding(x)
  output, hidden = self.rnn(x, hidden)
  output = self.fc(output)
  return output, hidden

  def init_hidden(self, batch_size):
  return torch.zeros(1, batch_size,
self.hidden_size)

# Parámetros del modelo y entrenamiento
input_size = vocab_size
hidden_size = 128
output_size = vocab_size
batch_size = 64
seq_length = 100
num_epochs = 1000
learning_rate = 0.001

# Crear lotes de datos
batches = create_batches(text_indices,
batch_size, seq_length)
```

```python
# Instanciar el modelo
model = RNN(input_size, hidden_size, output_size)


# Función de pérdida y optimizador
criterion = nn.CrossEntropyLoss()
optimizer = optim.Adam(model.parameters(),
lr=learning_rate)

# Entrenamiento del modelo
for epoch in range(num_epochs):
 for batch in batches:
 inputs, targets = batch
 inputs = torch.LongTensor(inputs)
 targets = torch.LongTensor(targets)
 optimizer.zero_grad()
 hidden = model.init_hidden(batch_size)
 loss = 0
 for i in range(seq_length):
 output, hidden = model(inputs[:, i], hidden)
 loss += criterion(output.squeeze(1), targets[:,
i])
 loss.backward()
 optimizer.step()

 if (epoch+1) % 100 == 0:
 print('Epoch [{}/{}], Loss:
{:.4f}'.format(epoch+1, num_epochs, loss.item()))

# Función para generar texto
def generate_text(model, start_char='L',
max_length=500):
 with torch.no_grad():
```

```python
char_idx = char_to_idx[start_char]
input = torch.LongTensor([[char_idx]])
hidden = model.init_hidden(1)
text = start_char


for _ in range(max_length):
output, hidden = model(input, hidden)
prob = nn.functional.softmax(output.squeeze(),
dim=0).numpy()
char_idx = np.random.choice(range(vocab_size),
p=prob)
input.fill_(char_idx)
char = idx_to_char[char_idx]
text += char
if char == '.':
break
return text

# Generar texto utilizando el modelo entrenado
generated_text = generate_text(model,
start_char='L')
print("Generated text:\n", generated_text)
```

Resumen General:

Este código implementa un modelo de generación de texto
basado en una RNN con una capa de GRU. Entrena el modelo en
un texto de ejemplo y luego lo utiliza para generar texto coherente
y relevante. Puedes experimentar con diferentes textos de entrada

Explicación Detallada:

- *Importación de bibliotecas:* Se importan las bibliotecas necesarias de PyTorch y NumPy para trabajar con redes neuronales y manipulación de datos.
- *Definición de los datos de entrenamiento*: Se define un texto como datos de entrenamiento. Este texto es un extracto de la frase de Lorem Ipsum.
- *Creación de diccionarios de caracteres:* Se crean diccionarios para mapear caracteres a índices y viceversa, lo que permite convertir el texto en una secuencia de índices numéricos.
- *Conversión del texto a secuencia de índices:* El texto se convierte en una secuencia de índices utilizando los diccionarios creados anteriormente.
- *Función para generar lotes de datos*: Se define una función `create_batches` para generar lotes de datos de entrada y salida para el entrenamiento de la red neuronal. Esta función divide el texto en secuencias de longitud fija y crea lotes de tamaño especificado.
- *Definición del modelo RNN:* Se define la arquitectura de la red neuronal recurrente (RNN). Esta red consta de una capa de embedding, una capa GRU y una capa lineal. La capa de embedding convierte los índices de caracteres en vectores de embedding, la capa GRU realiza la computación recurrente y la capa lineal genera la salida final.
- *Parámetros del modelo y entrenamiento:* Se definen los parámetros del modelo, como el tamaño de entrada, tamaño oculto, tamaño de salida, tamaño de lote, longitud de secuencia y número de épocas de entrenamiento.

- *Creación de lotes de datos:* Se generan los lotes de datos utilizando la función `create_batches`.

- Instanciación del modelo: Se instancia el modelo RNN utilizando los parámetros definidos anteriormente.

- *Función de pérdida y optimizador:* Se define la función de pérdida de entropía cruzada y el optimizador Adam para el entrenamiento del modelo.

- Entrenamiento del modelo: Se realiza el bucle de entrenamiento durante el número especificado de épocas. En cada época, se iteran sobre los lotes de datos y se realiza el proceso de forward y backward propagation para calcular y actualizar los gradientes.

- *Función para generar texto:* Se define una función `generate_text` para generar texto utilizando el modelo entrenado. La función comienza con un carácter inicial y genera caracteres subsecuentes uno a la vez hasta que se alcance una longitud máxima o se genere un punto final.

- *Generación de texto utilizando el modelo entrenado:* Se genera texto utilizando la función `generate_text` y se imprime en la consola.

En resumen, este código entrena un modelo de red neuronal recurrente (RNN) para generar texto similar al proporcionado en los datos de entrenamiento y luego genera texto utilizando el modelo entrenado.

Ejercicio 3. Reconocimiento de voz:

- Desarrolla un sistema de reconocimiento de voz que pueda transcribir audio en texto.
- Utiliza modelos de redes neuronales recurrentes (RNN) o convolucionales (CNN) junto con técnicas de procesamiento de señales de audio para construir el sistema.

Solución:

Aquí tienes un ejemplo básico de cómo implementar un sistema de reconocimiento de voz utilizando una red neuronal convolucional (CNN) en PyTorch:

```python
import torch
import torchaudio
import torch.nn as nn
import torch.optim as optim
import numpy as np


# Descargar un archivo de audio de ejemplo
url =
"https://pytorch.org/tutorials/_static/img/steam-
train-whistle-daniel_simon-converted-from-mp3.wav
"
filename =
"steam-train-whistle-daniel_simon-converted-from-
mp3.wav"
torchaudio.utils.download_url(url, filename)
```

```python
# Cargar el archivo de audio
waveform, sample_rate = torchaudio.load(filename)

# Convertir el audio a espectrograma
spectrogram =
torchaudio.transforms.MelSpectrogram()(waveform)

# Normalizar el espectrograma
spectrogram =
torchaudio.transforms.AmplitudeToDB()(spectrogram
)

# Definir la arquitectura del modelo CNN
class CNN(nn.Module):
 def __init__(self):
 super(CNN, self).__init__()
 self.conv1 = nn.Conv2d(1, 32, kernel_size=(3,
3), stride=(1, 1), padding=(1, 1))
 self.conv2 = nn.Conv2d(32, 64, kernel_size=(3,
3), stride=(1, 1), padding=(1, 1))
 self.pool = nn.MaxPool2d(kernel_size=(2, 2),
stride=(2, 2))
 self.fc1 = nn.Linear(64 * 32 * 32, 128)
 self.fc2 = nn.Linear(128, 10) # 10 clases para
demostración

 def forward(self, x):
 x = self.pool(torch.relu(self.conv1(x)))
 x = self.pool(torch.relu(self.conv2(x)))
 x = torch.flatten(x, 1)
 x = torch.relu(self.fc1(x))
 x = self.fc2(x)
 return x
```

```python
# Instanciar el modelo
model = CNN()

# Definir la función de pérdida y el optimizador
criterion = nn.CrossEntropyLoss()
optimizer = optim.Adam(model.parameters(),
lr=0.001)

# Entrenamiento del modelo (en este ejemplo, solo
para demostración)
inputs = spectrogram.unsqueeze(0) # Agregar
dimensión del lote
labels = torch.LongTensor([0]) # Etiqueta de
ejemplo
optimizer.zero_grad()
outputs = model(inputs)
loss = criterion(outputs, labels)
loss.backward()
optimizer.step()

# Realizar predicción sobre el audio
predicted_label = torch.argmax(outputs).item()
print("Predicted label:", predicted_label)
```

Este código descarga un archivo de audio de ejemplo, lo carga, lo convierte en un espectrograma y luego lo normaliza. Luego, define una arquitectura de red CNN simple, entrena el modelo con el espectrograma como entrada (en este caso, solo un ejemplo de entrenamiento), y finalmente realiza una predicción sobre el audio utilizando el modelo entrenado.

Ten en cuenta que este es solo un ejemplo básico y que para obtener resultados precisos, necesitarás un conjunto de datos más grande y diverso, así como un modelo más complejo.

Explicacion Detallada:

- *Importación de bibliotecas*: Se importan las bibliotecas necesarias de PyTorch y torchaudio para trabajar con modelos de redes neuronales y procesamiento de audio.
- *Descarga de un archivo de audio de ejemplo*: Se descarga un archivo de audio de ejemplo desde una URL utilizando la función `torchaudio.utils.download_url`.
- *Carga del archivo de audio:* El archivo de audio se carga en una variable `waveform` junto con la tasa de muestreo en la variable `sample_rate` utilizando la función `torchaudio.load`.
- *Conversión del audio a espectrograma:* El audio se convierte en un espectrograma utilizando la transformación `torchaudio.transforms.MelSpectrogram`. Esto convierte la señal de audio en una representación visual que muestra la energía de frecuencia en función del tiempo.
- *Normalización del espectrograma:* El espectrograma se normaliza utilizando la transformación `torchaudio.transforms.AmplitudeToDB`. Esto convierte la escala lineal de amplitud en una escala logarítmica en decibeles, lo que facilita su procesamiento por el modelo.
- *Definición de la arquitectura del modelo CNN*: Se define la arquitectura de la red neuronal convolucional (CNN) en la clase `CNN`. Esta red consta de dos capas convolucionales seguidas por capas de pooling y dos capas completamente

- conectadas. La última capa tiene 10 neuronas para demostrar la clasificación en 10 clases.
- *Instanciación del modelo:* Se instancia el modelo CNN definido anteriormente.
- *Definición de la función de pérdida y el optimizador:* Se define la función de pérdida de entropía cruzada y el optimizador Adam para el entrenamiento del modelo.
- *Entrenamiento del modelo*: Se realiza un paso de entrenamiento para demostrar el proceso. Se crea un tensor de entrada `inputs` que contiene el espectrograma con una dimensión de lote adicional. Se crea un tensor de etiquetas `labels` que contiene la etiqueta de ejemplo. Se calcula la pérdida y se realizan los pasos de backpropagation y optimización.
- *Realización de predicción sobre el audio:* Se realiza una predicción sobre el audio procesado utilizando el modelo entrenado y se imprime la etiqueta predicha.

En resumen, este código demuestra cómo cargar un archivo de audio, convertirlo en un espectrograma, definir y entrenar un modelo CNN para clasificar el espectrograma y realizar una predicción sobre el audio procesado.

Ejercicio 4. Traducción automática:

- Implementa un sistema de traducción automática que pueda traducir texto entre diferentes idiomas.
- Utiliza modelos de redes neuronales seq2seq con atención para capturar la relación entre las palabras en diferentes idiomas.

Aquí te dejo un ejemplo básico de cómo implementar un sistema de traducción automática utilizando una arquitectura seq2seq con atención en PyTorch:

```python
import torch
import torch.nn as nn
import torch.optim as optim
import numpy as np


# Datos de entrenamiento
# Pares de frases en inglés y francés (por
simplicidad, usaremos frases cortas)
input_texts = ['I love you', 'He is a doctor',
'She speaks French', 'They are happy']
target_texts = ['Je t\'aime', 'Il est médecin',
'Elle parle français', 'Ils sont heureux']


# Crear diccionarios de palabras
input_chars = sorted(list(set('
'.join(input_texts))))
target_chars = sorted(list(set('
'.join(target_texts))))
```

```python
input_idx_to_char = {i: ch for i, ch in
enumerate(input_chars)}
input_char_to_idx = {ch: i for i, ch in
enumerate(input_chars)}
target_idx_to_char = {i: ch for i, ch in
enumerate(target_chars)}
target_char_to_idx = {ch: i for i, ch in
enumerate(target_chars)}

# Convertir texto a secuencia de índices
input_sequences = [[input_char_to_idx[ch] for ch
in text] for text in input_texts]
target_sequences = [[target_char_to_idx[ch] for
ch in text] for text in target_texts]

# Definir la arquitectura del modelo seq2seq con
atención
class Encoder(nn.Module):
 def __init__(self, input_size, hidden_size):
 super(Encoder, self).__init__()
 self.hidden_size = hidden_size
 self.embedding = nn.Embedding(input_size,
hidden_size)
 self.gru = nn.GRU(hidden_size, hidden_size)

 def forward(self, input, hidden):
 embedded = self.embedding(input).view(1, 1, -1)
 output, hidden = self.gru(embedded, hidden)
 return output, hidden

 def init_hidden(self):
 return torch.zeros(1, 1, self.hidden_size)
```

```python
class Decoder(nn.Module):
 def __init__(self, hidden_size, output_size):
 super(Decoder, self).__init__()
 self.hidden_size = hidden_size
 self.embedding = nn.Embedding(output_size,
hidden_size)
 self.gru = nn.GRU(hidden_size, hidden_size)
 self.out = nn.Linear(hidden_size, output_size)
 self.softmax = nn.LogSoftmax(dim=1)

 def forward(self, input, hidden):
 output = self.embedding(input).view(1, 1, -1)
 output = nn.functional.relu(output)
 output, hidden = self.gru(output, hidden)
 output = self.softmax(self.out(output[0]))
 return output, hidden

# Función de atención
class AttnDecoder(nn.Module):
 def __init__(self, hidden_size, output_size,
dropout_p=0.1, max_length=20):
 super(AttnDecoder, self).__init__()
 self.hidden_size = hidden_size
 self.output_size = output_size
 self.dropout_p = dropout_p
 self.max_length = max_length

 self.embedding = nn.Embedding(self.output_size,
 self.hidden_size)
 self.attn = nn.Linear(self.hidden_size * 2,
 self.max_length)
 self.attn_combine = nn.Linear(self.hidden_size *
 2, self.hidden_size)
```

```python
        self.dropout = nn.Dropout(self.dropout_p)

        self.gru = nn.GRU(self.hidden_size,
    self.hidden_size)
        self.out = nn.Linear(self.hidden_size,
    self.output_size)

    def forward(self, input, hidden,
    encoder_outputs):
        embedded = self.embedding(input).view(1, 1, -1)
        embedded = self.dropout(embedded)

        attn_weights = nn.functional.softmax(
        self.attn(torch.cat((embedded[0], hidden[0]),
    1)), dim=1)
        attn_applied =
    torch.bmm(attn_weights.unsqueeze(0),
        encoder_outputs.unsqueeze(0))

        output = torch.cat((embedded[0],
    attn_applied[0]), 1)
        output = self.attn_combine(output).unsqueeze(0)

        output = nn.functional.relu(output)
        output, hidden = self.gru(output, hidden)

        output =
    nn.functional.log_softmax(self.out(output[0]),
    dim=1)
        return output, hidden, attn_weights

# Funciones de ayuda para preparar datos
def tensor_from_sequence(sequence, char_to_idx):
```

```python
    return torch.tensor(sequence,
dtype=torch.long).view(-1, 1)


def tensors_from_pair(pair):
    input_tensor = tensor_from_sequence(pair[0],
input_char_to_idx)
    target_tensor = tensor_from_sequence(pair[1],
target_char_to_idx)
    return (input_tensor, target_tensor)

# Función para entrenar el modelo
def train(input_tensor, target_tensor, encoder,
decoder, encoder_optimizer, decoder_optimizer,
criterion, max_length=20):
    encoder_hidden = encoder.init_hidden()

    encoder_optimizer.zero_grad()
    decoder_optimizer.zero_grad()

    input_length = input_tensor.size(0)
    target_length = target_tensor.size(0)

    encoder_outputs = torch.zeros(max_length,
encoder.hidden_size)

    loss = 0

    for ei in range(input_length):
    encoder_output, encoder_hidden =
encoder(input_tensor[ei], encoder_hidden)
        encoder_outputs[ei] = encoder_output[0, 0]

    decoder_input =
torch.tensor([[target_char_to_idx['<start>']]])
```

```python
    decoder_hidden = encoder_hidden

    for di in range(target_length):


        decoder_output, decoder_hidden,
    decoder_attention = decoder(
        decoder_input, decoder_hidden, encoder_outputs)
        topv, topi = decoder_output.topk(1)
        decoder_input = topi.squeeze().detach()


        loss += criterion(decoder_output,
    target_tensor[di])
        if decoder_input.item() ==
    target_char_to_idx['<end>']:
        break

    loss.backward()

    encoder_optimizer.step()
    decoder_optimizer.step()

    return loss.item() / target_length

# Entrenamiento del modelo
input_tensor, target_tensor =
tensors_from_pair((input_sequences[0],
target_sequences[0]))
encoder = Encoder(len(input_chars), 128)
decoder = AttnDecoder(128, len(target_chars))
encoder_optimizer =
optim.Adam(encoder.parameters())
```

```python
decoder_optimizer =
optim.Adam(decoder.parameters())
criterion = nn.NLLLoss()

for epoch in range(100):

    loss = train(input_tensor, target_tensor,
encoder, decoder, encoder_optimizer,
decoder_optimizer, criterion)
    print(f"Epoch {epoch+1}, Loss: {loss:.4f}")

# Función para evaluar y generar traducciones
def evaluate(sentence, encoder, decoder,
max_length=20):
    with torch.no_grad():
    input_tensor = tensor_from_sequence(sentence,
input_char_to_idx)
    input_length = input_tensor.size()[0]
    encoder_hidden = encoder.init_hidden()

    encoder_outputs = torch.zeros(max_length,
encoder.hidden_size)

    for ei in range(input_length):
    encoder_output, encoder_hidden =
encoder(input_tensor[ei],
    encoder_hidden)
    encoder_outputs[ei] += encoder_output[0, 0]

    decoder_input =
torch.tensor([[target_char_to_idx['<start>']]]) #
 Inicio de la secuencia
    decoder_hidden = encoder_hidden
```

```python
    decoded_words = []

    for di in range(max_length):
    decoder_output, decoder_hidden,
 decoder_attention = decoder(
    decoder_input, decoder_hidden, encoder_outputs)


    topv, topi = decoder_output.data.topk(1)
    if topi.item() == target_char_to_idx['<end>']: #
Fin de la secuencia
    decoded_words.append('<end>')
    break
    else:

decoded_words.append(target_idx_to_char[topi.item
()])

    decoder_input = topi.squeeze().detach()

    return decoded_words

# Ejemplo de traducción
input_sentence = 'I love you'
translated_sentence = evaluate(input_sentence,
encoder, decoder)
print('Input:', input_sentence)
print('Translated:', '
'.join(translated_sentence))
```

Resumen General:

Este código es un ejemplo básico de cómo implementar un sistema de traducción automática utilizando una arquitectura seq2seq con atención en PyTorch. Ten en cuenta que este es un ejemplo simplificado y que para obtener resultados precisos, necesitarás un conjunto de datos de entrenamiento más grande y diverso, así como un modelo más complejo. Además, el preprocesamiento de texto y el manejo de secuencias de longitud variable son aspectos importantes que necesitan ser considerados en implementaciones más avanzadas.

Explicación Detallada:

- Importación de bibliotecas: Se importan las bibliotecas necesarias de PyTorch y NumPy para trabajar con modelos de redes neuronales y manipulación de datos.
- Definición de datos de entrenamiento: Se definen pares de frases en inglés y francés. Estos pares se utilizarán para entrenar el modelo de traducción.
- Creación de diccionarios de palabras: Se crean diccionarios para mapear caracteres a índices y viceversa tanto para el texto de entrada (inglés) como para el texto de salida (francés).
- Convertir texto a secuencia de índices: Se convierten las frases de entrada y salida en secuencias de índices utilizando los diccionarios creados anteriormente.
- Definición de la arquitectura del modelo seq2seq con atención: Se define la arquitectura del modelo utilizando dos clases, `Encoder` y `AttnDecoder`, que representan el codificador y el decodificador, respectivamente. El

decodificador utiliza atención para manejar secuencias de longitud variable.

- Funciones de ayuda para preparar datos: Se definen funciones de ayuda para crear tensores a partir de secuencias y pares de entrada/salida.
- Función para entrenar el modelo: Se define una función para entrenar el modelo. Esta función realiza un paso de entrenamiento y calcula la pérdida para un par de entrada/salida dado.
- Entrenamiento del modelo: Se entrena el modelo utilizando el par de entrenamiento seleccionado. Se optimizan los parámetros del codificador y el decodificador utilizando el optimizador Adam y se calcula la pérdida.
- Función para evaluar y generar traducciones: Se define una función para evaluar el modelo y generar traducciones para nuevas frases de entrada. Esta función utiliza el modelo entrenado para predecir la traducción de una frase de entrada dada.
- Ejemplo de traducción: Se proporciona un ejemplo de traducción utilizando una frase de entrada ("I love you"). La frase se traduce utilizando el modelo entrenado y se imprime la traducción resultante.

En resumen, este código entrena un modelo de traducción automática utilizando la arquitectura seq2seq con atención y luego utiliza el modelo entrenado para traducir nuevas frases de entrada del inglés al francés.

Ejercicio 5. Detección de objetos:

- Desarrolla un sistema de detección de objetos que pueda identificar y localizar objetos de interés en imágenes.
- Utiliza arquitecturas de redes neuronales convolucionales (CNN) como YOLO o SSD para realizar la detección de objetos en tiempo real.

Implementar un sistema de detección de objetos en tiempo real utilizando arquitecturas como YOLO (You Only Look Once) o SSD (Single Shot MultiBox Detector) es un proceso complejo que generalmente requiere la utilización de librerías especializadas y un conjunto de datos extenso para el entrenamiento. Sin embargo, puedo proporcionarte un ejemplo básico utilizando la biblioteca de detección de objetos de PyTorch, que puede ayudarte a comprender los conceptos básicos.

Para este ejemplo, utilizaremos la biblioteca torchvision de PyTorch, que proporciona modelos pre-entrenados para la detección de objetos. Sin embargo, ten en cuenta que estos modelos pre-entrenados están diseñados para un conjunto específico de clases de objetos y pueden no ser adecuados para todas las aplicaciones.

```python
import torch
import torchvision
import torchvision.transforms as transforms
import matplotlib.pyplot as plt
import numpy as np
```

```python
# Definir transformaciones de preprocesamiento
para la imagen
transform = transforms.Compose([
  transforms.ToTensor(),
])

# Descargar el modelo pre-entrenado (utilizaremos
Faster R-CNN)
model =
torchvision.models.detection.fasterrcnn_resnet50_
fpn(pretrained=True)
model.eval()

# Clases de objetos en el modelo pre-entrenado
COCO_INSTANCE_CATEGORY_NAMES = [
 '__background__', 'person', 'bicycle', 'car',
'motorcycle', 'airplane', 'bus',
 'train', 'truck', 'boat', 'traffic light', 'fire
hydrant', 'N/A', 'stop sign',
 'parking meter', 'bench', 'bird', 'cat', 'dog',
'horse', 'sheep', 'cow',
 'elephant', 'bear', 'zebra', 'giraffe', 'N/A',
'backpack', 'umbrella', 'N/A', 'N/A',
 'handbag', 'tie', 'suitcase', 'frisbee', 'skis',
'snowboard', 'sports ball',
 'kite', 'baseball bat', 'baseball glove',
'skateboard', 'surfboard', 'tennis racket',
 'bottle', 'N/A', 'wine glass', 'cup', 'fork',
'knife', 'spoon', 'bowl',
 'banana', 'apple', 'sandwich', 'orange',
'broccoli', 'carrot', 'hot dog', 'pizza',
```

```python
    'donut', 'cake', 'chair', 'couch', 'potted
plant', 'bed', 'N/A', 'dining table',
 'N/A', 'N/A', 'toilet', 'N/A', 'tv', 'laptop',
'mouse', 'remote', 'keyboard', 'cell phone',
 'microwave', 'oven', 'toaster', 'sink',
'refrigerator', 'N/A', 'book',
 'clock', 'vase', 'scissors', 'teddy bear', 'hair
drier', 'toothbrush'
]

# Función para realizar la detección de objetos
en una imagen
def detect_objects(image):
 image_tensor = transform(image).unsqueeze(0)
 with torch.no_grad():
 predictions = model(image_tensor)
 return predictions

# Función para visualizar los resultados de la
detección de objetos
def visualize(image, predictions, threshold=0.5):
 fig, ax = plt.subplots(1, figsize=(10, 10))
 ax.imshow(image)
 for score, label, box in
zip(predictions[0]['scores'],
predictions[0]['labels'],
predictions[0]['boxes']):
 if score >= threshold:
 box = [round(i.item(), 2) for i in box]
 label_text =
COCO_INSTANCE_CATEGORY_NAMES[label.item()]
 ax.add_patch(plt.Rectangle((box[0], box[1]),
box[2]-box[0], box[3]-box[1], fill=False,
 edgecolor='red', linewidth=2))
```

```python
    ax.text(box[0], box[1], f'{label_text}
{round(score.item(), 2)}',



bbox=dict(facecolor='red', alpha=0.5),
fontsize=12, color='white')
  plt.axis('off')
  plt.show()


# Cargar una imagen para realizar la detección de
objetos
image = Image.open('example_image.jpg')


# Realizar la detección de objetos en la imagen
predictions = detect_objects(image)


# Visualizar los resultados de la detección de
objetos
visualize(np.array(image), predictions)
```

Resumen General:

En este ejemplo, utilizamos el modelo Faster R-CNN pre-entrenado en PyTorch para detectar objetos en una imagen. Luego, visualizamos los resultados de la detección de objetos en la imagen original. Puedes ajustar el umbral de confianza (`threshold`) para mostrar solo las detecciones con una confianza superior a un valor específico. Además, recuerda que este ejemplo utiliza un modelo pre-entrenado específico para un conjunto de clases de objetos predefinido, por lo que puede no funcionar bien para objetos fuera de estas clases. Para aplicaciones más avanzadas, puedes entrenar tu propio modelo con un conjunto de datos personalizado.

Explicación Detallada:

- *Importaciones de bibliotecas:* Se importan las bibliotecas necesarias, incluyendo TorchVision para la detección de objetos, Matplotlib para la visualización de resultados y NumPy para manipulación de matrices.
- *Definición de transformaciones de preprocesamiento*: Se define una transformación para convertir la imagen a un tensor de PyTorch.
- *Descarga del modelo pre-entrenado:* Se descarga el modelo pre-entrenado Faster R-CNN, el cual ha sido entrenado en el conjunto de datos COCO (Common Objects in Context), el cual contiene múltiples clases de objetos.
- *Definición de las clases de objetos*: Se define una lista que mapea los índices de las clases de COCO a sus nombres correspondientes.
- *Función para realizar la detección de objetos*: Se define una función `detect_objects` que toma una imagen como entrada y devuelve las predicciones del modelo para esa imagen.

- *Función para visualizar los resultados de la detección de objetos*: Se define una función `visualize` que toma una imagen y las predicciones del modelo como entrada, y visualiza los resultados de la detección de objetos en la imagen.
- *Carga de una imagen de ejemplo*: Se carga una imagen en la variable `image` sobre la cual se realizará la detección de objetos.
- *Detección de objetos en la imagen*: Se utiliza la función `detect_objects` para realizar la detección de objetos en la imagen cargada.
- *Visualización de los resultados de la detección de objetos*: Se utiliza la función `visualize` para visualizar los resultados de la detección de objetos en la imagen.

En resumen, este código carga una imagen, utiliza un modelo pre-entrenado para detectar objetos en la imagen y visualiza los resultados de la detección de objetos en la misma.

Ejercicio 6. Segmentación semántica:

- Implementa un sistema de segmentación semántica que pueda asignar una etiqueta a cada píxel en una imagen para identificar diferentes regiones.
- Utiliza arquitecturas de redes neuronales convolucionales (CNN) como U-Net o FCN para realizar la segmentación semántica.

Aquí tienes un ejemplo básico de cómo implementar un sistema de segmentación semántica utilizando la arquitectura U-Net en PyTorch:

```python
import torch
import torch.nn as nn
import torch.optim as optim
import torchvision.transforms as transforms
import numpy as np
from PIL import Image
import matplotlib.pyplot as plt

# Definir transformaciones de preprocesamiento
para la imagen
transform = transforms.Compose([
 transforms.Resize((256, 256)),
 transforms.ToTensor(),
])

# Definir la arquitectura de la red U-Net
class UNet(nn.Module):
```

```python
    def __init__(self):

    super(UNet, self).__init__()
    # Codificador (downsampling)
    self.encoder = nn.Sequential(
    nn.Conv2d(3, 64, kernel_size=3, padding=1),
    nn.ReLU(inplace=True),
    nn.Conv2d(64, 64, kernel_size=3, padding=1),
    nn.ReLU(inplace=True),
    nn.MaxPool2d(kernel_size=2, stride=2)
    )
    # Decodificador (upsampling)
    self.decoder = nn.Sequential(
    nn.Conv2d(64, 64, kernel_size=3, padding=1),
    nn.ReLU(inplace=True),
    nn.Conv2d(64, 64, kernel_size=3, padding=1),
    nn.ReLU(inplace=True),
    nn.ConvTranspose2d(64, 3, kernel_size=2,
    stride=2)
    )

    def forward(self, x):
    x = self.encoder(x)
    x = self.decoder(x)
    return x

# Cargar una imagen para realizar la segmentación
semántica
image = Image.open('example_image.jpg')

# Preprocesar la imagen
input_image = transform(image).unsqueeze(0)
```

```python
# Instanciar el modelo U-Net
model = UNet()


# Realizar la segmentación semántica en la imagen
with torch.no_grad():


    output_image = model(input_image)

# Convertir la salida del modelo a una imagen
segmentada
output_image = output_image.squeeze().numpy()
output_image = np.transpose(output_image, (1, 2,
0))
output_image = np.argmax(output_image, axis=2)

# Visualizar la imagen segmentada
plt.imshow(output_image, cmap='jet')
plt.axis('off')
plt.show()
```

Resumen General:

En este ejemplo, utilizamos la arquitectura U-Net para realizar la segmentación semántica en una imagen. Primero, definimos la arquitectura del modelo U-Net con un codificador (que realiza downsampling) y un decodificador (que realiza upsampling). Luego, cargamos una imagen, la preprocesamos y la pasamos por el modelo U-Net para obtener la salida segmentada. Finalmente, visualizamos la imagen segmentada. Ten en cuenta que este ejemplo utiliza una implementación muy básica de U-Net y puede necesitar ajustes adicionales, como la adición de capas de convolución o la utilización de técnicas de regularización, para obtener resultados óptimos en aplicaciones reales.

Explicación Detallada:

- *Importaciones de bibliotecas:* Se importan las bibliotecas necesarias, incluyendo Torch y TorchVision para el procesamiento de imágenes, NumPy para manipulación de matrices, Pillow (PIL) para cargar imágenes y Matplotlib para visualización de resultados.
- *Definición de transformaciones de preprocesamiento:* Se define una secuencia de transformaciones que se aplicarán a la imagen antes de ser procesada por el modelo. En este caso, la imagen se redimensiona a un tamaño de 256x256 píxeles y luego se convierte a un tensor.
- *Definición de la arquitectura de la red U-Net:* Se define la clase UNet, que representa la arquitectura de la red U-Net. Esta red consta de un codificador (downsampling) y un decodificador (upsampling). El codificador consiste en una serie de capas convolucionales y de pooling que reducen la resolución de la imagen, mientras que el decodificador consiste en capas convolucionales y de transposición que restauran la resolución original de la imagen.
- *Carga de una imagen para realizar la segmentación semántica:* Se carga una imagen en la variable image sobre la cual se realizará la segmentación semántica.

- *Preprocesamiento de la imagen:* Se aplica la secuencia de transformaciones definida anteriormente a la imagen cargada, y se convierte en un tensor. Se agrega una dimensión adicional para representar el tamaño del lote (batch).
- *Instanciación del modelo U-Net:* Se crea una instancia del modelo U-Net.
- *Segmentación semántica en la imagen:* Se utiliza el modelo para realizar la segmentación semántica en la imagen preprocesada. La salida del modelo es una imagen segmentada.
- *Conversión de la salida del modelo a una imagen segmentada:* La salida del modelo se convierte de un tensor de Torch a una matriz NumPy, se transpone para cambiar el orden de las dimensiones y luego se aplica la función argmax para obtener el índice del canal con el valor más alto en cada píxel.
- *Visualización de la imagen segmentada:* Se visualiza la imagen segmentada utilizando Matplotlib. La imagen se muestra utilizando un mapa de colores 'jet' y se elimina el eje de coordenadas.

En resumen, este código carga una imagen, la procesa mediante un modelo U-Net pre-entrenado para realizar la segmentación semántica y luego visualiza la imagen segmentada.

Ejercicio 7. Análisis de sentimientos:

- Desarrolla un modelo de análisis de sentimientos que pueda clasificar opiniones y comentarios de usuarios como positivos, negativos o neutrales.
- Utiliza técnicas de procesamiento de texto y modelos de clasificación de texto basados en redes neuronales recurrentes (RNN) o convolucionales (CNN).

Aquí tienes un ejemplo básico de cómo implementar un modelo de análisis de sentimientos utilizando una red neuronal convolucional (CNN) en PyTorch:

```python
import torch
import torch.nn as nn
import torch.optim as optim
import numpy as np

# Datos de entrenamiento (ejemplo)
train_data = [
  ("This movie is great!", 1),
  ("The plot is boring.", 0),
  ("I loved the characters.", 1),
  ("The acting was terrible.", 0),
  ("The soundtrack was amazing.", 1),
  ("I couldn't finish watching it.", 0)
]

# Datos de prueba (ejemplo)
test_data = [
```

```python
    "The movie was fantastic!",

    "I hated it."
]

# Preprocesamiento de texto
class TextPreprocessor:
    def __init__(self):
        self.word_to_idx = {}
        self.idx_to_word = {}
        self.vocab_size = 0
        self.max_sequence_length = 0

    def build_vocab(self, data):
        word_index = 1
        for sentence, _ in data:
            tokens = sentence.lower().split()
            self.max_sequence_length =
max(self.max_sequence_length, len(tokens))
            for token in tokens:
                if token not in self.word_to_idx:
                    self.word_to_idx[token] = word_index
                    self.idx_to_word[word_index] = token
                    word_index += 1
        self.vocab_size = len(self.word_to_idx)

    def encode_sentence(self, sentence):
        encoded_sentence = []
        tokens = sentence.lower().split()
        for token in tokens:
            if token in self.word_to_idx:
```

```python
        encoded_sentence.append(self.word_to_idx[token])

    padded_sequence = encoded_sentence + [0] *
(self.max_sequence_length -
len(encoded_sentence))

    return torch.tensor(padded_sequence,
dtype=torch.long)

# Modelo de CNN para análisis de sentimientos
class SentimentCNN(nn.Module):
 def __init__(self, vocab_size, embedding_dim,
num_filters, filter_sizes, hidden_dim,
output_dim, dropout):
  super(SentimentCNN, self).__init__()
  self.embedding = nn.Embedding(vocab_size,
embedding_dim)
  self.convs = nn.ModuleList([
  nn.Conv1d(in_channels=embedding_dim,
out_channels=num_filters, kernel_size=fs) for fs
in filter_sizes
  ])
  self.fc = nn.Linear(len(filter_sizes) *
num_filters, hidden_dim)
  self.fc_out = nn.Linear(hidden_dim, output_dim)
  self.dropout = nn.Dropout(dropout)

 def forward(self, x):
  embedded = self.embedding(x)
  embedded = embedded.permute(0, 2, 1)
  conved = [torch.relu(conv(embedded)) for conv in
self.convs]
```

```python
    pooled = [nn.functional.max_pool1d(conv,
conv.shape[2]).squeeze(2) for conv in conved]
    cat = self.dropout(torch.cat(pooled, dim=1))

    hidden = torch.relu(self.fc(cat))
    output = self.fc_out(hidden)
    return output


# Preparar datos y modelo
preprocessor = TextPreprocessor()
preprocessor.build_vocab(train_data)

train_encoded =
[(preprocessor.encode_sentence(sentence), label)
for sentence, label in train_data]
test_encoded =
[preprocessor.encode_sentence(sentence) for
sentence in test_data]

# Hiperparámetros
vocab_size = preprocessor.vocab_size + 1 # +1
para el token de relleno
embedding_dim = 100
num_filters = 100
filter_sizes = [3, 4, 5]
hidden_dim = 100
output_dim = 2 # Positivo o negativo
dropout = 0.5
batch_size = 2
epochs = 5
learning_rate = 0.001
```

```python
# DataLoader para los datos de entrenamiento
train_loader =
torch.utils.data.DataLoader(train_encoded,
batch_size=batch_size, shuffle=True)

# Instanciar el modelo
model = SentimentCNN(vocab_size, embedding_dim,
num_filters, filter_sizes, hidden_dim,
output_dim, dropout)


# Función de pérdida y optimizador
criterion = nn.CrossEntropyLoss()
optimizer = optim.Adam(model.parameters(),
lr=learning_rate)

# Entrenamiento del modelo
for epoch in range(epochs):
 for batch in train_loader:
 inputs, labels = batch
 optimizer.zero_grad()
 outputs = model(inputs)
 loss = criterion(outputs, labels)
 loss.backward()
 optimizer.step()
 print(f'Epoch {epoch+1}/{epochs}, Loss:
{loss.item()}')

# Evaluación del modelo en los datos de prueba
model.eval()
with torch.no_grad():
 for sentence in test_encoded:
 output = model(sentence.unsqueeze(0))
```

```python
_, predicted = torch.max(output, 1)
sentiment = "positive" if predicted.item() == 1
else "negative"
```

```python
print(f"Sentence: {'
'.join([preprocessor.idx_to_word[idx.item()] for
idx in sentence if idx != 0])}, Sentiment:
{sentiment}")
```

En este ejemplo, primero construimos un preprocesador de texto
que construye el vocabulario y codifica las oraciones en
secuencias de índices. Luego, definimos un modelo de CNN para
el análisis de sentimientos, que consiste en una capa de
embedding, capas de convolución, una capa de pooling y capas
totalmente conectadas. Después, entrenamos el modelo en los
datos de entrenamiento y evaluamos su rendimiento en los datos
de prueba.

Este ejemplo es bastante simple y se puede mejorar añadiendo
más capas de convolución, técnicas de regularización como
dropout, o utilizando modelos pre-entrenados de embedding de
palabras como GloVe o Word2Vec. Además, puedes experimentar
con diferentes hiperparámetros y arquitecturas de modelos para
obtener mejores resultados.

Ejercicio 8. Recomendación de productos:

- Implementa un sistema de recomendación de productos que pueda sugerir productos relevantes a los usuarios según su historial de compras o comportamiento en línea.
- Utiliza técnicas de filtrado colaborativo o sistemas de recomendación basados en contenido junto con redes neuronales para construir el sistema.

Solución:

Aquí tienes un ejemplo básico de cómo implementar un sistema de recomendación de productos utilizando un enfoque basado en contenido y redes neuronales en PyTorch:

```python
import torch
import torch.nn as nn
import torch.optim as optim
import numpy as np


# Datos de entrenamiento (ejemplo)
user_behaviors = {
 'user1': {'product1': 1, 'product2': 0,
'product3': 1, 'product4': 0},
 'user2': {'product1': 0, 'product2': 1,
'product3': 1, 'product4': 1},
 'user3': {'product1': 1, 'product2': 0,
'product3': 1, 'product4': 1},
```

```python
'user4': {'product1': 0, 'product2': 1,
'product3': 0, 'product4': 1},
 'user5': {'product1': 1, 'product2': 1,
'product3': 0, 'product4': 0}
}

# Convertir los datos de entrenamiento a matrices
users = list(user_behaviors.keys())
products = list(user_behaviors['user1'].keys())

user_matrix =
np.array([[user_behaviors[user][product] for
product in products] for user in users])


product_matrix = user_matrix.T

# Modelo de recomendación de productos basado en
contenido
class ContentBasedRecommendation(nn.Module):
 def __init__(self, input_size, hidden_size):
 super(ContentBasedRecommendation,
self).__init__()
 self.fc1 = nn.Linear(input_size, hidden_size)
 self.fc2 = nn.Linear(hidden_size, input_size)

 def forward(self, x):
 x = torch.relu(self.fc1(x))
 x = torch.sigmoid(self.fc2(x))
 return x

# Hiperparámetros
input_size = len(users) # Tamaño del vector de
usuario
hidden_size = 10
```

```python
learning_rate = 0.001

epochs = 100

# Instanciar el modelo
model = ContentBasedRecommendation(input_size,
hidden_size)

# Función de pérdida y optimizador
criterion = nn.MSELoss()
optimizer = optim.Adam(model.parameters(),
lr=learning_rate)


# Entrenamiento del modelo
for epoch in range(epochs):
 inputs = torch.tensor(user_matrix,
dtype=torch.float32)
 targets = torch.tensor(product_matrix,
dtype=torch.float32)

 optimizer.zero_grad()
 outputs = model(inputs)
 loss = criterion(outputs, targets)
 loss.backward()
 optimizer.step()

 if (epoch+1) % 10 == 0:
 print(f'Epoch [{epoch+1}/{epochs}], Loss:
{loss.item()}')
```

```python
# Función para obtener las recomendaciones para
un usuario dado

def get_recommendations(user_id, model,
products):

 user_vector =
torch.tensor(user_matrix[users.index(user_id)],
dtype=torch.float32)
 with torch.no_grad():
 output = model(user_vector)
 recommendations = [(product, score) for product,
score in zip(products, output.numpy())]
 recommendations.sort(key=lambda x: x[1],
reverse=True)
 return recommendations

# Obtener recomendaciones para un usuario
específico
user_id = 'user1'
recommendations = get_recommendations(user_id,
model, products)
print(f'Recommendations for {user_id}:
{recommendations}')
```

En este ejemplo, primero convertimos los datos de comportamiento del usuario en matrices donde las filas representan usuarios y las columnas representan productos. Luego, definimos un modelo de recomendación basado en contenido que toma el vector de comportamiento del usuario como entrada y genera un vector de puntuaciones para cada producto. Después, entrenamos el modelo utilizando la función de pérdida de error cuadrático medio (MSELoss). Finalmente, utilizamos el modelo entrenado para obtener recomendaciones para un usuario específico.

Este es un ejemplo básico y se puede mejorar utilizando técnicas más avanzadas, como la incorporación de productos y usuarios, la implementación de regularización, o la experimentación con diferentes arquitecturas de modelos. Además, en la práctica, es posible que desees considerar otros factores, como las calificaciones explícitas de los usuarios o la información demográfica, para mejorar la calidad de las recomendaciones.

Ejercicio 9: Ejercicio de Clasificación de Imágenes con clasificación de texto.

Aquí tienes un ejercicio similar a la clasificación de imágenes, pero esta vez, abordaremos la clasificación de texto. En este ejercicio, crearemos un modelo de clasificación de texto que pueda distinguir entre reseñas de películas positivas y negativas.

```python
import torch
import torch.nn as nn
import torch.optim as optim
import numpy as np
from torch.utils.data import DataLoader,
TensorDataset
from sklearn.model_selection import
train_test_split
from sklearn.feature_extraction.text import
CountVectorizer
from sklearn.datasets import load_files
from sklearn.metrics import accuracy_score

# Cargar datos de reseñas de películas (ejemplo
usando sklearn)
movie_reviews_data = load_files('movie_reviews',
shuffle=True)
reviews_train, reviews_test, labels_train,
labels_test =
train_test_split(movie_reviews_data.data,
movie_reviews_data.target, test_size=0.2)
```

```python
# Vectorización de texto
vectorizer =
CountVectorizer(stop_words='english',
max_features=5000)
X_train =
vectorizer.fit_transform(reviews_train).toarray()
X_test =
vectorizer.transform(reviews_test).toarray()

# Convertir a tensores de PyTorch
X_train_tensor = torch.tensor(X_train,
dtype=torch.float32)
y_train_tensor = torch.tensor(labels_train,
dtype=torch.long)
X_test_tensor = torch.tensor(X_test,
dtype=torch.float32)
y_test_tensor = torch.tensor(labels_test,
dtype=torch.long)

# Crear conjuntos de datos y dataloaders
train_dataset = TensorDataset(X_train_tensor,
y_train_tensor)
test_dataset = TensorDataset(X_test_tensor,
y_test_tensor)
train_loader = DataLoader(train_dataset,
batch_size=32, shuffle=True)
test_loader = DataLoader(test_dataset,
batch_size=32)

# Definir modelo de clasificación de texto
class TextClassifier(nn.Module):
```

```python
    def __init__(self, input_size, hidden_size,
output_size):
 super(TextClassifier, self).__init__()

 self.fc1 = nn.Linear(input_size, hidden_size)
 self.fc2 = nn.Linear(hidden_size, output_size)
 self.dropout = nn.Dropout(0.5)

 def forward(self, x):
 x = torch.relu(self.fc1(x))
 x = self.dropout(x)
 x = self.fc2(x)
 return x

# Hiperparámetros
input_size = X_train.shape[1]
hidden_size = 256
output_size = 2 # Clases: positivo y negativo
learning_rate = 0.001
epochs = 10

# Instanciar modelo
model = TextClassifier(input_size, hidden_size,
output_size)

# Función de pérdida y optimizador
criterion = nn.CrossEntropyLoss()
optimizer = optim.Adam(model.parameters(),
lr=learning_rate)

# Entrenamiento del modelo
for epoch in range(epochs):
 model.train()
 for inputs, labels in train_loader:
```

```python
optimizer.zero_grad()
outputs = model(inputs)
loss = criterion(outputs, labels)
loss.backward()


optimizer.step()


# Evaluación en conjunto de prueba
model.eval()
with torch.no_grad():
test_outputs = model(X_test_tensor)
_, predicted = torch.max(test_outputs, 1)
accuracy = accuracy_score(y_test_tensor,
predicted)
print(f'Epoch [{epoch+1}/{epochs}], Accuracy:
{accuracy:.4f}')


# Ejemplo de predicción
def predict_sentiment(review_text, model,
vectorizer):
review_vector =
vectorizer.transform([review_text]).toarray()
review_tensor = torch.tensor(review_vector,
dtype=torch.float32)
with torch.no_grad():
output = model(review_tensor)
_, predicted = torch.max(output, 1)
sentiment = 'positive' if predicted.item() == 1
else 'negative'
return sentiment


# Prueba de predicción
test_review = "This movie was amazing!"
```

```python
predicted_sentiment =
predict_sentiment(test_review, model, vectorizer)
print(f'Review: "{test_review}" - Sentiment:
{predicted_sentiment}')
```

En este ejercicio, utilizamos un conjunto de datos de reseñas de películas y creamos un modelo de clasificación de texto que puede predecir si una reseña es positiva o negativa. Primero, vectorizamos el texto utilizando CountVectorizer para convertirlo en características numéricas. Luego, creamos un modelo de clasificación de texto simple con una capa oculta y lo entrenamos utilizando el conjunto de datos de entrenamiento. Después del entrenamiento, evaluamos el modelo en el conjunto de datos de prueba y calculamos la precisión. Finalmente, realizamos predicciones sobre nuevas reseñas utilizando el modelo entrenado.

Ejercicio 10. Clasificación de Texto con RNN.

Aquí tienes otro ejemplo de clasificación de texto utilizando una arquitectura de red neuronal recurrente (RNN), en lugar de una red neuronal completamente conectada (FCN) como en el ejemplo anterior. En este caso, utilizaremos una red LSTM para capturar mejor las relaciones de dependencia temporal en las secuencias de texto.

```python
import torch
import torch.nn as nn
import torch.optim as optim
import numpy as np
from torch.utils.data import DataLoader,
TensorDataset
from sklearn.model_selection import
train_test_split
from sklearn.feature_extraction.text import
CountVectorizer
from sklearn.datasets import load_files
from sklearn.metrics import accuracy_score

# Cargar datos de reseñas de películas (ejemplo
usando sklearn)
movie_reviews_data = load_files('movie_reviews',
shuffle=True)
reviews_train, reviews_test, labels_train,
labels_test =
```

```python
train_test_split(movie_reviews_data.data,
movie_reviews_data.target, test_size=0.2)

# Vectorización de texto
vectorizer =
CountVectorizer(stop_words='english',
max_features=5000)
X_train =
vectorizer.fit_transform(reviews_train).toarray()
X_test =
vectorizer.transform(reviews_test).toarray()

# Convertir a tensores de PyTorch
X_train_tensor = torch.tensor(X_train,
dtype=torch.float32)
y_train_tensor = torch.tensor(labels_train,
dtype=torch.long)
X_test_tensor = torch.tensor(X_test,
dtype=torch.float32)
y_test_tensor = torch.tensor(labels_test,
dtype=torch.long)

# Crear conjuntos de datos y dataloaders
train_dataset = TensorDataset(X_train_tensor,
y_train_tensor)
test_dataset = TensorDataset(X_test_tensor,
y_test_tensor)
train_loader = DataLoader(train_dataset,
batch_size=32, shuffle=True)
test_loader = DataLoader(test_dataset,
batch_size=32)
```

```python
# Definir modelo de clasificación de texto con
RNN
class TextRNN(nn.Module):
 def __init__(self, input_size, hidden_size,
output_size, num_layers):
  super(TextRNN, self).__init__()
  self.embedding = nn.Embedding(input_size,
hidden_size)
  self.rnn = nn.LSTM(hidden_size, hidden_size,
num_layers=num_layers, batch_first=True)
  self.fc = nn.Linear(hidden_size, output_size)

 def forward(self, x):
  embedded = self.embedding(x)
  output, _ = self.rnn(embedded)
  output = self.fc(output[:, -1, :]) # Tomar la
salida de la última capa de la secuencia
  return output

# Hiperparámetros
input_size = X_train.shape[1]
hidden_size = 128
output_size = 2 # Clases: positivo y negativo
num_layers = 2
learning_rate = 0.001
epochs = 10

# Instanciar modelo
model = TextRNN(input_size, hidden_size,
output_size, num_layers)
```

```python
# Función de pérdida y optimizador
criterion = nn.CrossEntropyLoss()


optimizer = optim.Adam(model.parameters(),
lr=learning_rate)

# Entrenamiento del modelo
for epoch in range(epochs):
 model.train()
 for inputs, labels in train_loader:
 optimizer.zero_grad()
 outputs = model(inputs.long())
 loss = criterion(outputs, labels)
 loss.backward()
 optimizer.step()

 # Evaluación en conjunto de prueba
 model.eval()
 with torch.no_grad():
 test_outputs = model(X_test_tensor.long())
 _, predicted = torch.max(test_outputs, 1)
 accuracy = accuracy_score(y_test_tensor,
predicted)
 print(f'Epoch [{epoch+1}/{epochs}], Accuracy:
{accuracy:.4f}')

# Ejemplo de predicción
def predict_sentiment(review_text, model,
vectorizer):
  review_vector =
vectorizer.transform([review_text]).toarray()
  review_tensor = torch.tensor(review_vector,
dtype=torch.float32)
```

```python
with torch.no_grad():
output = model(review_tensor.long())
_, predicted = torch.max(output, 1)


    sentiment = 'positive' if predicted.item() == 1
else 'negative'
    return sentiment

# Prueba de predicción
test_review = "This movie was amazing!"
predicted_sentiment =
predict_sentiment(test_review, model, vectorizer)
print(f'Review: "{test_review}" - Sentiment:
{predicted_sentiment}')
```

En este ejemplo, creamos una arquitectura de red neuronal recurrente (RNN) utilizando una capa LSTM para capturar la dependencia temporal en las secuencias de texto. El resto del proceso, incluida la preparación de datos, la definición del modelo, la función de pérdida y el optimizador, así como el bucle de entrenamiento, es similar al ejemplo anterior con una red neuronal completamente conectada.

Ejercicio 11. Sistema de Reconocimiento de Voz CNN y RNN.

Aquí tienes un ejemplo básico de cómo construir un sistema de reconocimiento de voz utilizando una red neuronal convolucional (CNN) para procesar las características del espectrograma de audio y una red neuronal recurrente (RNN) para transcribir el audio en texto utilizando PyTorch:

```python
import torch
import torch.nn as nn
import torch.optim as optim
import torchaudio
from torch.utils.data import DataLoader, Dataset
from sklearn.model_selection import train_test_split
import numpy as np

# Descargar y cargar el conjunto de datos de
reconocimiento de voz (ejemplo utilizando
torchaudio)
train_dataset =
torchaudio.datasets.SPEECHCOMMANDS('./',
download=True)

# Seleccionar un subconjunto del conjunto de
datos para fines de demostración
# Aquí se toma un subconjunto de 10000 muestras
de entrenamiento y 2000 muestras de prueba
```

```python
train_dataset, _ =
torch.utils.data.random_split(train_dataset,
[10000, len(train_dataset) - 10000])
train_data, test_data =
train_test_split(train_dataset, test_size=0.2)

# Clase para el conjunto de datos personalizado
class SpeechCommandsDataset(Dataset):
 def __init__(self, data):
 self.data = data

 def __len__(self):
 return len(self.data)

 def __getitem__(self, idx):
 waveform, sample_rate, label, _ = self.data[idx]
 return waveform, label

# Instanciar conjuntos de datos y dataloaders
train_dataset = SpeechCommandsDataset(train_data)
test_dataset = SpeechCommandsDataset(test_data)
train_loader = DataLoader(train_dataset,
batch_size=64, shuffle=True)
test_loader = DataLoader(test_dataset,
batch_size=64)

# Definir el modelo de reconocimiento de voz
class SpeechRecognitionModel(nn.Module):
 def __init__(self, num_classes):
 super(SpeechRecognitionModel, self).__init__()
 self.cnn = nn.Sequential(
```

```python
nn.Conv2d(1, 32, kernel_size=(3, 3), stride=(2,
2)),
nn.ReLU(),


nn.Conv2d(32, 64, kernel_size=(3, 3), stride=(2,
2)),
nn.ReLU(),
nn.Conv2d(64, 128, kernel_size=(3, 3),
stride=(2, 2)),
nn.ReLU()
)
self.rnn = nn.LSTM(input_size=1152,
hidden_size=256, num_layers=2, batch_first=True)
self.fc = nn.Linear(256, num_classes)

def forward(self, x):
x = self.cnn(x)
x = x.flatten(1)
x, _ = self.rnn(x.unsqueeze(1))
x = self.fc(x[:, -1, :])
return x

# Hiperparámetros
num_classes = len(train_dataset.classes)
learning_rate = 0.001
epochs = 5

# Instanciar el modelo y definir la función de
pérdida y el optimizador
model = SpeechRecognitionModel(num_classes)
criterion = nn.CrossEntropyLoss()
```

```python
optimizer = optim.Adam(model.parameters(),
lr=learning_rate)

# Entrenamiento del modelo
for epoch in range(epochs):
 model.train()
 for waveform, labels in train_loader:


 optimizer.zero_grad()
 waveform = waveform.unsqueeze(1) # Añadir
dimensión de canal (batch_size, 1, channels,
samples)
 outputs = model(waveform)
 loss = criterion(outputs, labels)
 loss.backward()
 optimizer.step()

 # Evaluación en conjunto de prueba
 model.eval()
 correct = 0
 total = 0
 with torch.no_grad():
 for waveform, labels in test_loader:
 waveform = waveform.unsqueeze(1)
 outputs = model(waveform)
 _, predicted = torch.max(outputs, 1)
 total += labels.size(0)
 correct += (predicted == labels).sum().item()
```

```python
accuracy = 100 * correct / total
print(f'Epoch [{epoch+1}/{epochs}], Test
Accuracy: {accuracy:.2f}%')
```

En este ejemplo, utilizamos el conjunto de datos Speech Commands para entrenar un modelo de reconocimiento de voz. El modelo consiste en una red convolucional (CNN) para procesar las características del espectrograma de audio seguida de una red neuronal recurrente (RNN) para transcribir el audio en texto. El modelo se entrena utilizando el conjunto de datos de entrenamiento y se evalúa en el conjunto de datos de prueba.

Ejercicio 12. Reconocimiento de Voz con CNN.

Aquí tienes otro ejemplo de reconocimiento de voz utilizando una arquitectura de red neuronal convolucional (CNN) para extraer características del espectrograma de audio y una red neuronal recurrente (RNN) para transcribir el audio en texto, pero esta vez utilizando un conjunto de datos diferente y un enfoque ligeramente modificado:

```python
import torch
import torch.nn as nn
import torch.optim as optim
import torchaudio
from torch.utils.data import DataLoader, Dataset
from sklearn.model_selection import import
train_test_split

# Descargar y cargar el conjunto de datos de
reconocimiento de voz (ejemplo utilizando
torchaudio)
train_dataset =
torchaudio.datasets.LIBRISPEECH('./',
url='train-clean-100', download=True)

# Seleccionar un subconjunto del conjunto de
datos para fines de demostración
# Aquí se toma un subconjunto de 10000 muestras
de entrenamiento y 2000 muestras de prueba
```

```python
train_dataset, _ =
torch.utils.data.random_split(train_dataset,
[10000, len(train_dataset) - 10000])


train_data, test_data =
train_test_split(train_dataset, test_size=0.2)

# Clase para el conjunto de datos personalizado
class SpeechDataset(Dataset):
  def __init__(self, data):
  self.data = data

  def __len__(self):
  return len(self.data)

  def __getitem__(self, idx):
  waveform, sample_rate, _, _ = self.data[idx]
  return waveform, sample_rate

# Instanciar conjuntos de datos y dataloaders
train_dataset = SpeechDataset(train_data)
test_dataset = SpeechDataset(test_data)
train_loader = DataLoader(train_dataset,
batch_size=32, shuffle=True)
test_loader = DataLoader(test_dataset,
batch_size=32)

# Definir el modelo de reconocimiento de voz
class SpeechRecognitionModel(nn.Module):
  def __init__(self, num_classes):
  super(SpeechRecognitionModel, self).__init__()
  self.cnn = nn.Sequential(
  nn.Conv2d(1, 32, kernel_size=(3, 3), stride=(2,
  2)),
```

```python
    nn.ReLU(),
    nn.Conv2d(32, 64, kernel_size=(3, 3), stride=(2, 2)),
    nn.ReLU(),


    nn.Conv2d(64, 128, kernel_size=(3, 3), stride=(2, 2)),
    nn.ReLU()
    )
    self.rnn = nn.LSTM(input_size=1152, hidden_size=256, num_layers=2, batch_first=True)
    self.fc = nn.Linear(256, num_classes)

    def forward(self, x):
    x = self.cnn(x)
    x = x.flatten(1)
    x, _ = self.rnn(x.unsqueeze(1))
    x = self.fc(x[:, -1, :])
    return x

# Hiperparámetros
num_classes = len(train_dataset)
learning_rate = 0.001
epochs = 5

# Instanciar el modelo y definir la función de
pérdida y el optimizador
model = SpeechRecognitionModel(num_classes)
criterion = nn.CrossEntropyLoss()
optimizer = optim.Adam(model.parameters(), lr=learning_rate)

# Entrenamiento del modelo
```

```python
for epoch in range(epochs):
 model.train()
 for waveform, _ in train_loader:
 optimizer.zero_grad()


 waveform = waveform.unsqueeze(1) # Añadir
dimensión de canal (batch_size, 1, channels,
samples)
 outputs = model(waveform)
 targets = torch.arange(len(waveform),
dtype=torch.long)
 loss = criterion(outputs, targets)
 loss.backward()
 optimizer.step()

 # Evaluación en conjunto de prueba
 model.eval()
 correct = 0
 total = 0
 with torch.no_grad():
 for waveform, _ in test_loader:
 waveform = waveform.unsqueeze(1)
 outputs = model(waveform)
 _, predicted = torch.max(outputs, 1)
 total += len(waveform)
 correct += (predicted ==
torch.arange(len(waveform))).sum().item()

 accuracy = 100 * correct / total
 print(f'Epoch [{epoch+1}/{epochs}], Test
 Accuracy: {accuracy:.2f}%')
```

En este ejemplo, utilizamos el conjunto de datos de LibriSpeech, que contiene grabaciones de lecturas de libros en dominio público, para entrenar el modelo de reconocimiento de voz. El resto del proceso, incluida la preparación de datos, la definición del modelo, la función de pérdida y el optimizador, así como el bucle de entrenamiento, es similar al ejemplo anterior. Sin embargo, el tamaño del conjunto de datos y el enfoque de etiquetado son diferentes.

Ejercicio 13. Reconocimiento de Voz con Pytorch.

Aquí tienes otro ejercicio de reconocimiento de voz utilizando
PyTorch y torchaudio, esta vez empleando un conjunto de datos
diferente y utilizando una arquitectura de red neuronal
convolucional (CNN) modificada para adaptarse al nuevo conjunto
de datos.

```python
import torch
import torch.nn as nn
import torch.optim as optim
import torchaudio
from torch.utils.data import DataLoader, Dataset
from sklearn.model_selection import import
train_test_split

# Descargar y cargar el conjunto de datos de
reconocimiento de voz (ejemplo utilizando
torchaudio)
train_dataset =
torchaudio.datasets.SPEECHCOMMANDS('./',
download=True)

# Seleccionar un subconjunto del conjunto de
datos para fines de demostración
# Aquí se toma un subconjunto de 10000 muestras
de entrenamiento y 2000 muestras de prueba
```

```python
train_dataset, _ =
torch.utils.data.random_split(train_dataset,
[10000, len(train_dataset) - 10000])
train_data, test_data =
train_test_split(train_dataset, test_size=0.2)


# Clase para el conjunto de datos personalizado
class SpeechDataset(Dataset):
 def __init__(self, data):
 self.data = data

 def __len__(self):
 return len(self.data)

 def __getitem__(self, idx):
 waveform, sample_rate, label, _ = self.data[idx]
 return waveform, label

# Instanciar conjuntos de datos y dataloaders
train_dataset = SpeechDataset(train_data)
test_dataset = SpeechDataset(test_data)
train_loader = DataLoader(train_dataset,
batch_size=32, shuffle=True)
test_loader = DataLoader(test_dataset,
batch_size=32)

# Definir el modelo de reconocimiento de voz
class SpeechRecognitionModel(nn.Module):
 def __init__(self, num_classes):
 super(SpeechRecognitionModel, self).__init__()
 self.cnn = nn.Sequential(
nn.Conv2d(1, 32, kernel_size=(3, 3), stride=(2,
2)),
```

```python
            nn.ReLU(),
            nn.MaxPool2d(kernel_size=(2, 2), stride=(2, 2)),
            nn.Conv2d(32, 64, kernel_size=(3, 3), stride=(2,
2)),
            nn.ReLU(),
            nn.MaxPool2d(kernel_size=(2, 2), stride=(2, 2)),


            nn.Conv2d(64, 128, kernel_size=(3, 3),
stride=(2, 2)),
            nn.ReLU(),
            nn.MaxPool2d(kernel_size=(2, 2), stride=(2, 2))
        )
        self.fc1 = nn.Linear(128 * 4 * 4, 256)
        self.fc2 = nn.Linear(256, num_classes)

    def forward(self, x):
        x = self.cnn(x)
        x = x.view(x.size(0), -1)
        x = torch.relu(self.fc1(x))
        x = self.fc2(x)
        return x

# Hiperparámetros
num_classes = len(train_dataset.classes)
learning_rate = 0.001
epochs = 5

# Instanciar el modelo y definir la función de
pérdida y el optimizador
model = SpeechRecognitionModel(num_classes)
criterion = nn.CrossEntropyLoss()
optimizer = optim.Adam(model.parameters(),
lr=learning_rate)
```

```python
# Entrenamiento del modelo
for epoch in range(epochs):
 model.train()
 for waveform, labels in train_loader:
 optimizer.zero_grad()
 outputs = model(waveform)
 loss = criterion(outputs, labels)



 loss.backward()
 optimizer.step()

 # Evaluación en conjunto de prueba
 model.eval()
 correct = 0
 total = 0
 with torch.no_grad():
 for waveform, labels in test_loader:
 outputs = model(waveform)
 _, predicted = torch.max(outputs, 1)
 total += labels.size(0)
 correct += (predicted == labels).sum().item()

 accuracy = 100 * correct / total
 print(f'Epoch [{epoch+1}/{epochs}], Test
Accuracy: {accuracy:.2f}%')
```

En este ejemplo, se utiliza el conjunto de datos de Speech Commands, que contiene comandos de voz hablados por diferentes personas. La arquitectura de la red neuronal convolucional (CNN) se ha modificado ligeramente para adaptarse a este conjunto de datos específico. El resto del proceso,

incluyendo la preparación de datos, la definición del modelo, la función de pérdida y el optimizador, así como el bucle de entrenamiento, sigue siendo similar a los ejemplos anteriores.

Ejercicio 14. Reconocimiento de Voz con Torchaudio.

Aquí tienes otro ejemplo de reconocimiento de voz utilizando
PyTorch y torchaudio, pero esta vez utilizando un enfoque
diferente utilizando transformadores para capturar las
características temporales del audio:

```python
import torch
import torch.nn as nn
import torch.optim as optim
import torchaudio
from torch.utils.data import DataLoader, Dataset
from sklearn.model_selection import
train_test_split


# Descargar y cargar el conjunto de datos de
reconocimiento de voz (ejemplo utilizando
torchaudio)
train_dataset =
torchaudio.datasets.SPEECHCOMMANDS('./',
download=True)


# Seleccionar un subconjunto del conjunto de
datos para fines de demostración
# Aquí se toma un subconjunto de 10000 muestras
de entrenamiento y 2000 muestras de prueba
train_dataset, _ =
torch.utils.data.random_split(train_dataset,
[10000, len(train_dataset) - 10000])
```

```python
train_data, test_data =
train_test_split(train_dataset, test_size=0.2)

# Clase para el conjunto de datos personalizado
class SpeechDataset(Dataset):
 def __init__(self, data):
 self.data = data

 def __len__(self):
 return len(self.data)

 def __getitem__(self, idx):
 waveform, sample_rate, label, _ = self.data[idx]
 return waveform, label

# Instanciar conjuntos de datos y dataloaders
train_dataset = SpeechDataset(train_data)
test_dataset = SpeechDataset(test_data)
train_loader = DataLoader(train_dataset,
batch_size=32, shuffle=True)
test_loader = DataLoader(test_dataset,
batch_size=32)

# Definir el modelo de reconocimiento de voz
utilizando un transformador
class TransformerModel(nn.Module):
 def __init__(self, num_classes, input_size,
d_model, num_heads, num_layers, dropout):
  super(TransformerModel, self).__init__()
  self.embedding = nn.Linear(input_size, d_model)
  self.transformer_encoder =
nn.TransformerEncoder(nn.TransformerEncoderLayer(
d_model=d_model, nhead=num_heads), num_layers)
```

```python
    self.fc = nn.Linear(d_model, num_classes)
    self.dropout = nn.Dropout(dropout)

  def forward(self, x):
   x = self.embedding(x)
   x = x.permute(1, 0, 2) # Cambiar dimensiones
para el transformador (seq_len, batch_size,
embedding_size)
   x = self.transformer_encoder(x)
   x = x.mean(dim=0) # Tomar el promedio de todas
las secuencias
   x = self.dropout(x)
   x = self.fc(x)
   return x


# Hiperparámetros
num_classes = len(train_dataset.classes)
input_size = 16000 # Tamaño de la forma de onda
de audio
d_model = 512
num_heads = 8
num_layers = 4
dropout = 0.1
learning_rate = 0.001
epochs = 5


# Instanciar el modelo y definir la función de
pérdida y el optimizador
model = TransformerModel(num_classes, input_size,
d_model, num_heads, num_layers, dropout)
criterion = nn.CrossEntropyLoss()
```

```python
optimizer = optim.Adam(model.parameters(),
lr=learning_rate)


# Entrenamiento del modelo
for epoch in range(epochs):
 model.train()
 for waveform, labels in train_loader:
 optimizer.zero_grad()
 waveform = waveform.view(-1, input_size) #
Aplanar la forma de onda de audio
 outputs = model(waveform)
 loss = criterion(outputs, labels)
 loss.backward()
 optimizer.step()

 # Evaluación en conjunto de prueba
 model.eval()
 correct = 0
 total = 0
 with torch.no_grad():
 for waveform, labels in test_loader:
 waveform = waveform.view(-1, input_size)
 outputs = model(waveform)
 _, predicted = torch.max(outputs, 1)
 total += labels.size(0)
 correct += (predicted == labels).sum().item()

 accuracy = 100 * correct / total
 print(f'Epoch [{epoch+1}/{epochs}], Test
Accuracy: {accuracy:.2f}%')
```

En este ejemplo, utilizamos el conjunto de datos de Speech Commands y empleamos una arquitectura de red neuronal basada en transformadores para el reconocimiento de voz. La arquitectura del transformador nos permite capturar mejor las dependencias temporales en las secuencias de audio. El resto del proceso, incluyendo la preparación de datos, la definición del modelo, la función de pérdida y el optimizador, así como el bucle de entrenamiento, sigue siendo similar a los ejemplos anteriores.

Ejercicio 15. Segmentación Semántica con DeepLabV3.

Aquí tienes otro ejemplo de segmentación semántica utilizando PyTorch y una arquitectura de red neuronal convolucional (CNN) conocida como DeepLabV3:

```python
import torch
import torch.nn as nn
import torch.optim as optim
from torch.utils.data import DataLoader, Dataset
from torchvision import models, transforms
from PIL import Image
import numpy as np
import matplotlib.pyplot as plt

# Definir una clase para el conjunto de datos de
segmentación semántica
class SemanticSegmentationDataset(Dataset):
 def __init__(self, image_paths, mask_paths,
transform=None):
  self.image_paths = image_paths
  self.mask_paths = mask_paths
  self.transform = transform

 def __len__(self):
  return len(self.image_paths)
```

```python
    def __getitem__(self, idx):
    image = Image.open(self.image_paths[idx])
    mask = Image.open(self.mask_paths[idx])

    if self.transform:
    image = self.transform(image)
    mask = self.transform(mask)

    return image, mask

# Definir la transformación de datos para el
conjunto de datos
transform = transforms.Compose([
 transforms.Resize((256, 256)),
 transforms.ToTensor()
])

# Rutas a las imágenes y máscaras
image_paths = ["path/to/image1.jpg",
"path/to/image2.jpg", ...]
mask_paths = ["path/to/mask1.png",
"path/to/mask2.png", ...]

# Crear el conjunto de datos
dataset =
SemanticSegmentationDataset(image_paths,
mask_paths, transform)

# Dividir el conjunto de datos en entrenamiento y
prueba
train_size = int(0.8 * len(dataset))
test_size = len(dataset) - train_size
```

```python
train_dataset, test_dataset =
torch.utils.data.random_split(dataset,
[train_size, test_size])

# Definir los dataloaders
train_loader = DataLoader(train_dataset,
batch_size=4, shuffle=True)
test_loader = DataLoader(test_dataset,
batch_size=4)

# Definir el modelo de segmentación semántica
(DeepLabV3)
model =
models.segmentation.deeplabv3_resnet50(pretrained
=True)

# Hiperparámetros
learning_rate = 0.001
epochs = 5

# Definir la función de pérdida y el optimizador
criterion = nn.CrossEntropyLoss()
optimizer = optim.Adam(model.parameters(),
lr=learning_rate)

# Función para visualizar la segmentación de una
imagen de prueba
def visualize_segmentation(model, test_loader):
  model.eval()
  with torch.no_grad():
  images, _ = next(iter(test_loader))
  outputs = model(images)['out']
```

```python
    predictions = torch.argmax(outputs, dim=1)


    for i in range(len(images)):
    plt.figure(figsize=(10, 5))
    plt.subplot(1, 2, 1)
    plt.title('Original Image')
    plt.imshow(np.transpose(images[i], (1, 2, 0)))

    plt.subplot(1, 2, 2)
    plt.title('Segmentation Prediction')
    plt.imshow(predictions[i])
    plt.show()

# Entrenamiento del modelo
for epoch in range(epochs):
 model.train()
 running_loss = 0.0
 for images, masks in train_loader:
 optimizer.zero_grad()
 outputs = model(images)['out']
 loss = criterion(outputs, masks.long())
 loss.backward()
 optimizer.step()
 running_loss += loss.item()

 print(f"Epoch [{epoch+1}/{epochs}], Loss:
{running_loss/len(train_loader)}")

# Visualizar la segmentación de algunas imágenes
de prueba
visualize_segmentation(model, test_loader)
```

En este ejemplo, utilizamos el modelo DeepLabV3 pre-entrenado en la base de datos COCO para la tarea de segmentación semántica. Definimos una clase de conjunto de datos para cargar las imágenes y las máscaras de segmentación asociadas. Luego, dividimos el conjunto de datos en conjuntos de entrenamiento y prueba, creamos los dataloaders correspondientes y definimos la función de pérdida y el optimizador. Entrenamos el modelo durante varias épocas y visualizamos algunas predicciones de segmentación en imágenes de prueba.

Estos son solo algunos ejemplos de proyectos completos que puedes implementar utilizando PyTorch. Cada proyecto te brindará una oportunidad para explorar diferentes arquitecturas de modelos, técnicas de preprocesamiento de datos y enfoques de resolución de problemas en el campo del aprendizaje profundo. ¡Diviértete explorando y construyendo tus propios proyectos!

Ejercicio 16. Segmentación Semántica con FCN.

Aquí tienes otro ejemplo de segmentación semántica utilizando una arquitectura diferente, en este caso la red neuronal Fully Convolutional Network (FCN):

```python
import torch
import torch.nn as nn
import torch.optim as optim
from torch.utils.data import DataLoader, Dataset
from torchvision import models, transforms
from PIL import Image
import numpy as np
import matplotlib.pyplot as plt


# Definir una clase para el conjunto de datos de
segmentación semántica
class SemanticSegmentationDataset(Dataset):
 def __init__(self, image_paths, mask_paths,
transform=None):
  self.image_paths = image_paths
  self.mask_paths = mask_paths
  self.transform = transform

 def __len__(self):
  return len(self.image_paths)

 def __getitem__(self, idx):
  image = Image.open(self.image_paths[idx])
```

```python
mask = Image.open(self.mask_paths[idx])

if self.transform:
image = self.transform(image)
mask = self.transform(mask)

return image, mask

# Definir la transformación de datos para el
conjunto de datos
transform = transforms.Compose([
 transforms.Resize((256, 256)),
 transforms.ToTensor()
])

# Rutas a las imágenes y máscaras
image_paths = ["path/to/image1.jpg",
"path/to/image2.jpg", ...]
mask_paths = ["path/to/mask1.png",
"path/to/mask2.png", ...]

# Crear el conjunto de datos
dataset =
SemanticSegmentationDataset(image_paths,
mask_paths, transform)

# Dividir el conjunto de datos en entrenamiento y
prueba
train_size = int(0.8 * len(dataset))
test_size = len(dataset) - train_size
train_dataset, test_dataset =
torch.utils.data.random_split(dataset,
[train_size, test_size])
```

```python
# Definir los dataloaders
train_loader = DataLoader(train_dataset,
batch_size=4, shuffle=True)
test_loader = DataLoader(test_dataset,
batch_size=4)


# Definir el modelo de segmentación semántica
(FCN)
class FCN(nn.Module):
 def __init__(self, num_classes):
  super(FCN, self).__init__()
  self.conv1 = nn.Conv2d(3, 64, kernel_size=3,
padding=1)
  self.conv2 = nn.Conv2d(64, 128, kernel_size=3,
padding=1)
  self.conv3 = nn.Conv2d(128, 256, kernel_size=3,
padding=1)
  self.conv4 = nn.Conv2d(256, 512, kernel_size=3,
padding=1)
  self.conv5 = nn.Conv2d(512, num_classes,
kernel_size=3, padding=1)

 def forward(self, x):
  x = nn.functional.relu(self.conv1(x))
  x = nn.functional.relu(self.conv2(x))
  x = nn.functional.relu(self.conv3(x))
  x = nn.functional.relu(self.conv4(x))
  x = self.conv5(x)
  return x


# Hiperparámetros
num_classes = len(train_dataset.classes)
```

```python
learning_rate = 0.001
epochs = 5

# Instanciar el modelo y definir la función de
pérdida y el optimizador
model = FCN(num_classes)
criterion = nn.CrossEntropyLoss()
optimizer = optim.Adam(model.parameters(),
lr=learning_rate)

# Función para visualizar la segmentación de una
imagen de prueba
def visualize_segmentation(model, test_loader):
 model.eval()
 with torch.no_grad():
 images, _ = next(iter(test_loader))
 outputs = model(images)
 predictions = torch.argmax(outputs, dim=1)

 for i in range(len(images)):
 plt.figure(figsize=(10, 5))
 plt.subplot(1, 2, 1)
 plt.title('Original Image')
 plt.imshow(np.transpose(images[i], (1, 2, 0)))

 plt.subplot(1, 2, 2)
 plt.title('Segmentation Prediction')
 plt.imshow(predictions[i])
 plt.show()

 # Entrenamiento del modelo
 for epoch in range(epochs):
 model.train()
 running_loss = 0.0
 for images, masks in train_loader:
```

```python
optimizer.zero_grad()
outputs = model(images)
loss = criterion(outputs, masks.long())

loss.backward()
optimizer.step()
running_loss += loss.item()

print(f"Epoch [{epoch+1}/{epochs}], Loss:
{running_loss/len(train_loader)}")

# Visualizar la segmentación de algunas imágenes
de prueba
visualize_segmentation(model, test_loader)
```

En este ejemplo, definimos una red Fully Convolutional Network (FCN) para la segmentación semántica. La red consiste en varias capas convolucionales seguidas de una capa convolucional de salida para producir mapas de segmentación. Luego, entrenamos el modelo utilizando el dataloader y la función de pérdida definida y visualizamos algunas predicciones de segmentación en imágenes de prueba.

Ejercicio 17. Segmentación Semántica con Unet.

Aquí tienes otro ejemplo de segmentación semántica utilizando una arquitectura diferente, en este caso la red neuronal UNet:

```python
import torch
import torch.nn as nn
import torch.optim as optim
from torch.utils.data import DataLoader, Dataset
from torchvision import transforms
from PIL import Image
import numpy as np
import matplotlib.pyplot as plt

# Definir una clase para el conjunto de datos de
segmentación semántica
class SemanticSegmentationDataset(Dataset):
 def __init__(self, image_paths, mask_paths,
transform=None):
  self.image_paths = image_paths
  self.mask_paths = mask_paths
  self.transform = transform

 def __len__(self):
 return len(self.image_paths)

 def __getitem__(self, idx):
 image = Image.open(self.image_paths[idx])
 mask = Image.open(self.mask_paths[idx])
```

```python
    if self.transform:

        image = self.transform(image)
        mask = self.transform(mask)

    return image, mask

# Definir la transformación de datos para el
conjunto de datos
transform = transforms.Compose([
    transforms.Resize((256, 256)),
    transforms.ToTensor()
])

# Rutas a las imágenes y máscaras
image_paths = ["path/to/image1.jpg",
"path/to/image2.jpg", ...]
mask_paths = ["path/to/mask1.png",
"path/to/mask2.png", ...]

# Crear el conjunto de datos
dataset =
SemanticSegmentationDataset(image_paths,
mask_paths, transform)

# Dividir el conjunto de datos en entrenamiento y
prueba
train_size = int(0.8 * len(dataset))
test_size = len(dataset) - train_size
train_dataset, test_dataset =
torch.utils.data.random_split(dataset,
[train_size, test_size])
```

```python
# Definir los dataloaders
train_loader = DataLoader(train_dataset,
batch_size=4, shuffle=True)


test_loader = DataLoader(test_dataset,
batch_size=4)

# Definir el modelo de segmentación semántica
(UNet)
class UNet(nn.Module):
 def __init__(self, in_channels, out_channels):
 super(UNet, self).__init__()
 self.encoder = nn.Sequential(
 nn.Conv2d(in_channels, 64, kernel_size=3,
padding=1),
 nn.ReLU(inplace=True),
 nn.Conv2d(64, 64, kernel_size=3, padding=1),
 nn.ReLU(inplace=True),
 nn.MaxPool2d(kernel_size=2, stride=2)
 )
 self.decoder = nn.Sequential(
 nn.Conv2d(64, 128, kernel_size=3, padding=1),
 nn.ReLU(inplace=True),
 nn.Conv2d(128, 128, kernel_size=3, padding=1),
 nn.ReLU(inplace=True),
 nn.ConvTranspose2d(128, out_channels,
 kernel_size=2, stride=2)
 )

 def forward(self, x):
 x1 = self.encoder(x)
 x2 = self.decoder(x1)
 return x2
```

```python
# Hiperparámetros
in_channels = 3 # Número de canales de entrada
(RGB)


out_channels = 1 # Número de canales de salida
(máscara binaria)
learning_rate = 0.001
epochs = 5

# Instanciar el modelo y definir la función de
pérdida y el optimizador
model = UNet(in_channels, out_channels)
criterion = nn.BCEWithLogitsLoss()
optimizer = optim.Adam(model.parameters(),
lr=learning_rate)

# Función para visualizar la segmentación de una
imagen de prueba
def visualize_segmentation(model, test_loader):
 model.eval()
 with torch.no_grad():
 images, _ = next(iter(test_loader))
 outputs = model(images)
 predictions = torch.sigmoid(outputs)

 for i in range(len(images)):
 plt.figure(figsize=(10, 5))
 plt.subplot(1, 2, 1)
 plt.title('Original Image')
 plt.imshow(np.transpose(images[i], (1, 2, 0)))

 plt.subplot(1, 2, 2)
 plt.title('Segmentation Prediction')
```

```python
    plt.imshow(predictions[i][0], cmap='gray')
    plt.show()

# Entrenamiento del modelo
for epoch in range(epochs):

    model.train()
    running_loss = 0.0
    for images, masks in train_loader:
    optimizer.zero_grad()
    outputs = model(images)
    loss = criterion(outputs, masks)
    loss.backward()
    optimizer.step()
    running_loss += loss.item()

    print(f"Epoch [{epoch+1}/{epochs}], Loss:
{running_loss/len(train_loader)}")

# Visualizar la segmentación de algunas imágenes
de prueba
visualize_segmentation(model, test_loader)
```

En este ejemplo, implementamos la arquitectura de la red UNet para la segmentación semántica. Utilizamos el conjunto de datos creado con las imágenes y máscaras proporcionadas, y dividimos los datos en conjuntos de entrenamiento y prueba. Luego, definimos el modelo, la función de pérdida (BCEWithLogitsLoss) y el optimizador (Adam), y entrenamos el modelo. Finalmente, visualizamos algunas predicciones de segmentación en imágenes de prueba.

Ejercicio 18. Traducción Automática seq2seq con atención.

Aquí tienes otro ejercicio de traducción automática utilizando una arquitectura de red neuronal seq2seq con atención:

```python
import torch
import torch.nn as nn
import torch.optim as optim
import torch.nn.functional as F
from torch.utils.data import Dataset, DataLoader
import numpy as np
import random


# Definir los datos de entrenamiento
# Aquí utilizaremos ejemplos de traducción de
inglés a francés
# Se pueden proporcionar otros datos para
traducción entre diferentes idiomas
data = [
  ("I am hungry", "Je suis faim"),
  ("How are you?", "Comment allez-vous?"),
  ("Where is the bathroom?", "Où est la salle de
bain?"),
  ("Good morning", "Bonjour"),
  ("Thank you", "Merci")
]


# Crear un vocabulario de palabras únicas para
ambos idiomas
```

```python
source_vocab = set()
target_vocab = set()
for source, target in data:
  source_vocab.update(source.split())
  target_vocab.update(target.split())

source_vocab = sorted(list(source_vocab))
target_vocab = sorted(list(target_vocab))

# Mapear palabras a índices y viceversa para
ambos idiomas
source_to_idx = {word: idx for idx, word in
enumerate(source_vocab)}
idx_to_source = {idx: word for word, idx in
source_to_idx.items()}
target_to_idx = {word: idx for idx, word in
enumerate(target_vocab)}
idx_to_target = {idx: word for word, idx in
target_to_idx.items()}

# Definir la clase del conjunto de datos para la
traducción
class TranslationDataset(Dataset):
 def __init__(self, data, source_to_idx,
target_to_idx):
  self.data = data
  self.source_to_idx = source_to_idx
  self.target_to_idx = target_to_idx

 def __len__(self):
 return len(self.data)


def __getitem__(self, idx):
```

```python
        source, target = self.data[idx]
        source_indices = [self.source_to_idx[word] for
word in source.split()]
        target_indices = [self.target_to_idx[word] for
word in target.split()]
        return source_indices, target_indices

# Definir el modelo de red neuronal seq2seq con
atención
class Seq2SeqAttention(nn.Module):
    def __init__(self, source_vocab_size,
target_vocab_size, embedding_dim, hidden_dim):
        super(Seq2SeqAttention, self).__init__()
        self.source_embedding =
nn.Embedding(source_vocab_size, embedding_dim)
        self.encoder_rnn = nn.GRU(embedding_dim,
hidden_dim, batch_first=True)
        self.decoder_rnn = nn.GRU(embedding_dim,
hidden_dim, batch_first=True)
        self.attention = nn.Linear(hidden_dim * 2, 1)
        self.fc = nn.Linear(hidden_dim,
target_vocab_size)

    def forward(self, source_sequences,
target_sequences):
        source_embedded =
self.source_embedding(source_sequences)
        encoder_outputs, hidden =
self.encoder_rnn(source_embedded)
        outputs = []
        for target_sequence in target_sequences:
```

```python
    target_embedded = self.source_embedding(target_sequence.unsqueeze(1))
    decoder_output, hidden = self.decoder_rnn(target_embedded, hidden)
    attention_weights = F.softmax(self.attention(torch.cat((decoder_output, encoder_outputs), dim=2)), dim=1)
    context_vector = torch.bmm(attention_weights.transpose(1, 2), encoder_outputs)
    decoder_output = torch.cat((decoder_output, context_vector), dim=2)
    output = self.fc(decoder_output.squeeze(1))
    outputs.append(output)
    return torch.stack(outputs, dim=1)

# Hiperparámetros
embedding_dim = 256
hidden_dim = 512
learning_rate = 0.001
epochs = 10
batch_size = 1

# Instanciar el modelo, la función de pérdida y el optimizador
model = Seq2SeqAttention(len(source_vocab), len(target_vocab), embedding_dim, hidden_dim)
criterion = nn.CrossEntropyLoss()
optimizer = optim.Adam(model.parameters(), lr=learning_rate)
```

```python
# Crear el conjunto de datos y el dataloader
dataset = TranslationDataset(data, source_to_idx,
target_to_idx)
dataloader = DataLoader(dataset,
batch_size=batch_size, shuffle=True)

# Entrenamiento del modelo
for epoch in range(epochs):
 model.train()
 total_loss = 0
 for source_sequences, target_sequences in
dataloader:
 optimizer.zero_grad()
 outputs = model(source_sequences,
target_sequences[:, :-1])
 loss = criterion(outputs.view(-1,
len(target_vocab)), target_sequences[:,
1:].view(-1))
 loss.backward()
 optimizer.step()
 total_loss += loss.item()
 print(f"Epoch [{epoch+1}/{epochs}], Loss:
{total_loss / len(dataloader)}")

# Función de traducción
def translate_sentence(sentence, model,
source_to_idx, idx_to_target):
 model.eval()
 source_indices = [source_to_idx[word] for word
 in sentence.split()]
 source_tensor =
torch.tensor(source_indices).unsqueeze(0)
 with torch.no_grad():
```

```python
 outputs = model(source_tensor, torch.zeros(1, 1,
dtype=torch.long))
 predicted_indices = torch.argmax(outputs,
dim=2).squeeze(0).tolist()
 translated_sentence = '
'.join([idx_to_target[idx] for idx in
predicted_indices])
 return translated_sentence

# Ejemplo de traducción
source_sentence = "How are you?"
translated_sentence =
translate_sentence(source_sentence, model,
source_to_idx, idx_to_target)
print(f"Source: {source_sentence}")
print(f"Translation: {translated_sentence}")
```

En este ejemplo, creamos un modelo de traducción automática
basado en una arquitectura de red neuronal seq2seq con atención.
Utilizamos datos de entrenamiento simples para la traducción de
inglés a francés. Luego, definimos el modelo, la función de pérdida
(CrossEntropyLoss) y el optimizador (Adam), y entrenamos el
modelo durante varias épocas. Finalmente, implementamos una
función para traducir una oración de un idioma a otro utilizando el
modelo entrenado.

Ejercicio 19. Traducción Automática con Transformer.

Aquí tienes otro ejercicio de traducción automática utilizando una arquitectura Transformer:

```python
import torch
import torch.nn as nn
import torch.optim as optim
import torch.nn.functional as F
from torch.utils.data import Dataset, DataLoader
from torch.nn import Transformer
import numpy as np
import random

# Definir los datos de entrenamiento
# Utilizaremos ejemplos de traducción de inglés a
francés
data = [
  ("I am hungry", "Je suis faim"),
  ("How are you?", "Comment allez-vous?"),
  ("Where is the bathroom?", "Où est la salle de
bain?"),
  ("Good morning", "Bonjour"),
  ("Thank you", "Merci")
]

# Crear un vocabulario de palabras únicas para
ambos idiomas
source_vocab = set()
target_vocab = set()
for source, target in data:
  source_vocab.update(source.split())
  target_vocab.update(target.split())

source_vocab = sorted(list(source_vocab))
```

```python
    target_vocab = sorted(list(target_vocab))

    # Mapear palabras a índices y viceversa para
    ambos idiomas
    source_to_idx = {word: idx for idx, word in
    enumerate(source_vocab)}
    idx_to_source = {idx: word for word, idx in
    source_to_idx.items()}
    target_to_idx = {word: idx for idx, word in
    enumerate(target_vocab)}
    idx_to_target = {idx: word for word, idx in
    target_to_idx.items()}

    # Definir la clase del conjunto de datos para la
    traducción
    class TranslationDataset(Dataset):
     def __init__(self, data, source_to_idx,
    target_to_idx):
      self.data = data
      self.source_to_idx = source_to_idx
      self.target_to_idx = target_to_idx

     def __len__(self):
      return len(self.data)

     def __getitem__(self, idx):
      source, target = self.data[idx]
      source_indices = [self.source_to_idx[word] for
    word in source.split()]
      target_indices = [self.target_to_idx[word] for
    word in target.split()]
      return source_indices, target_indices
```

```python
# Definir el modelo Transformer para la
traducción automática
class TransformerTranslator(nn.Module):
 def __init__(self, input_vocab_size,
output_vocab_size, embedding_dim, nhead,
num_encoder_layers, num_decoder_layers,
dim_feedforward, dropout):
  super(TransformerTranslator, self).__init__()
  self.embedding_src =
nn.Embedding(input_vocab_size, embedding_dim)
  self.embedding_tgt =
nn.Embedding(output_vocab_size, embedding_dim)
  self.transformer = nn.Transformer(
  d_model=embedding_dim,
  nhead=nhead,
  num_encoder_layers=num_encoder_layers,
  num_decoder_layers=num_decoder_layers,
  dim_feedforward=dim_feedforward,
  dropout=dropout
  )
  self.fc = nn.Linear(embedding_dim,
 output_vocab_size)

 def forward(self, src, tgt):
  src_embedded = self.embedding_src(src)
  tgt_embedded = self.embedding_tgt(tgt)
  output = self.transformer(src_embedded,
 tgt_embedded)
  output = self.fc(output)
  return output

# Hiperparámetros
embedding_dim = 256
nhead = 4
```

```python
num_encoder_layers = 3
num_decoder_layers = 3
dim_feedforward = 512
dropout = 0.1
learning_rate = 0.001
epochs = 10
batch_size = 1

# Instanciar el modelo, la función de pérdida y
el optimizador
model = TransformerTranslator(len(source_vocab),
len(target_vocab), embedding_dim, nhead,
num_encoder_layers, num_decoder_layers,
dim_feedforward, dropout)
criterion = nn.CrossEntropyLoss()
optimizer = optim.Adam(model.parameters(),
lr=learning_rate)

# Crear el conjunto de datos y el dataloader
dataset = TranslationDataset(data, source_to_idx,
target_to_idx)
dataloader = DataLoader(dataset,
batch_size=batch_size, shuffle=True)

# Entrenamiento del modelo
for epoch in range(epochs):
 model.train()
 total_loss = 0
 for source_sequences, target_sequences in
dataloader:
 optimizer.zero_grad()
 outputs = model(source_sequences,
target_sequences[:, :-1])
```

```python
 loss = criterion(outputs.view(-1,
len(target_vocab)), target_sequences[:,
1:].view(-1))
 loss.backward()
 optimizer.step()
 total_loss += loss.item()
 print(f"Epoch [{epoch+1}/{epochs}], Loss:
{total_loss / len(dataloader)}")

# Función de traducción
def translate_sentence(sentence, model,
source_to_idx, idx_to_target):
 model.eval()
 source_indices = [source_to_idx[word] for word
in sentence.split()]
 source_tensor =
torch.tensor(source_indices).unsqueeze(0)
 with torch.no_grad():
 outputs = model(source_tensor, torch.zeros(1, 1,
dtype=torch.long))
 predicted_indices = torch.argmax(outputs,
dim=2).squeeze(0).tolist()
 translated_sentence = '
'.join([idx_to_target[idx] for idx in
predicted_indices])
 return translated_sentence

# Ejemplo de traducción
source_sentence = "How are you?"
translated_sentence =
translate_sentence(source_sentence, model,
source_to_idx, idx_to_target)
print(f"Source: {source_sentence}")
print(f"Translation: {translated_sentence}")
```

En este ejemplo, creamos un modelo de traducción automática utilizando la arquitectura Transformer. Esta arquitectura es más avanzada que la seq2seq con atención y puede capturar relaciones más complejas entre las palabras en diferentes idiomas. Después de definir el modelo, la función de pérdida (CrossEntropyLoss) y el optimizador (Adam), entrenamos el modelo y luego lo utilizamos para traducir oraciones de un idioma a otro.

Ejercicio 20. Traducción Automática con Mini Transformer.

Aquí tienes otro ejercicio de traducción automática utilizando una arquitectura Transformer, pero esta vez, implementaremos una versión simplificada llamada "Mini Transformer":

```python
import torch
import torch.nn as nn
import torch.optim as optim
import torch.nn.functional as F
from torch.utils.data import Dataset, DataLoader
import numpy as np
import random

# Definir los datos de entrenamiento
# Utilizaremos ejemplos de traducción de inglés a
francés
data = [
  ("I am hungry", "Je suis faim"),
  ("How are you?", "Comment allez-vous?"),
  ("Where is the bathroom?", "Où est la salle de
bain?"),
  ("Good morning", "Bonjour"),
  ("Thank you", "Merci")
]

# Crear un vocabulario de palabras únicas para
ambos idiomas
source_vocab = set()
target_vocab = set()


for source, target in data:
  source_vocab.update(source.split())
  target_vocab.update(target.split())
```

```python
source_vocab = sorted(list(source_vocab))
target_vocab = sorted(list(target_vocab))

# Mapear palabras a índices y viceversa para
ambos idiomas
source_to_idx = {word: idx for idx, word in
enumerate(source_vocab)}
idx_to_source = {idx: word for word, idx in
source_to_idx.items()}
target_to_idx = {word: idx for idx, word in
enumerate(target_vocab)}
idx_to_target = {idx: word for word, idx in
target_to_idx.items()}

# Definir la clase del conjunto de datos para la
traducción
class TranslationDataset(Dataset):
 def __init__(self, data, source_to_idx,
target_to_idx):
  self.data = data
  self.source_to_idx = source_to_idx
  self.target_to_idx = target_to_idx

 def __len__(self):
  return len(self.data)

 def __getitem__(self, idx):
  source, target = self.data[idx]
  source_indices = [self.source_to_idx[word] for
word in source.split()]

  target_indices = [self.target_to_idx[word] for
word in target.split()]
```

```python
    return source_indices, target_indices

# Definir el modelo Mini Transformer para la
traducción automática
class MiniTransformer(nn.Module):
 def __init__(self, input_vocab_size,
output_vocab_size, embedding_dim, num_layers,
num_heads, ff_dim, dropout):
  super(MiniTransformer, self).__init__()
  self.embedding_src =
nn.Embedding(input_vocab_size, embedding_dim)
  self.embedding_tgt =
nn.Embedding(output_vocab_size, embedding_dim)
  self.transformer = nn.Transformer(
  d_model=embedding_dim,
  nhead=num_heads,
  num_encoder_layers=num_layers,
  num_decoder_layers=num_layers,
  dim_feedforward=ff_dim,
  dropout=dropout
  )
  self.fc = nn.Linear(embedding_dim,
output_vocab_size)

 def forward(self, src, tgt):
  src_embedded = self.embedding_src(src)
  tgt_embedded = self.embedding_tgt(tgt)
  output = self.transformer(src_embedded,
tgt_embedded)
  output = self.fc(output)
  return output


# Hiperparámetros
```

```python
embedding_dim = 256
num_layers = 2
num_heads = 4
ff_dim = 512
dropout = 0.1
learning_rate = 0.001
epochs = 10
batch_size = 1


# Instanciar el modelo, la función de pérdida y
el optimizador
model = MiniTransformer(len(source_vocab),
len(target_vocab), embedding_dim, num_layers,
num_heads, ff_dim, dropout)
criterion = nn.CrossEntropyLoss()
optimizer = optim.Adam(model.parameters(),
lr=learning_rate)


# Crear el conjunto de datos y el dataloader
dataset = TranslationDataset(data, source_to_idx,
target_to_idx)
dataloader = DataLoader(dataset,
batch_size=batch_size, shuffle=True)


# Entrenamiento del modelo
for epoch in range(epochs):
 model.train()
 total_loss = 0
 for source_sequences, target_sequences in
dataloader:
 optimizer.zero_grad()
 outputs = model(source_sequences,


target_sequences[:, :-1])
```

```python
    loss = criterion(outputs.view(-1,
len(target_vocab)), target_sequences[:,
1:].view(-1))
    loss.backward()
    optimizer.step()
    total_loss += loss.item()
    print(f"Epoch [{epoch+1}/{epochs}], Loss:
{total_loss / len(dataloader)}")

# Función de traducción
def translate_sentence(sentence, model,
source_to_idx, idx_to_target):
    model.eval()
    source_indices = [source_to_idx[word] for word
in sentence.split()]
    source_tensor =
torch.tensor(source_indices).unsqueeze(0)
    with torch.no_grad():
    outputs = model(source_tensor, torch.zeros(1, 1,
dtype=torch.long))
    predicted_indices = torch.argmax(outputs,
dim=2).squeeze(0).tolist()
    translated_sentence = '
'.join([idx_to_target[idx] for idx in
predicted_indices])
    return translated_sentence

# Ejemplo de traducción
source_sentence = "How are you?"


translated_sentence =
translate_sentence(source_sentence, model,
source_to_idx, idx_to_target)
print(f"Source: {source_sentence}")
```

```python
print(f"Translation: {translated_sentence}")
```

En este ejemplo, implementamos una versión simplificada del
modelo Transformer conocido como Mini Transformer. Aunque es
menos complejo que el Transformer completo, aún puede lograr
resultados de traducción razonables. Después de definir el
modelo, la función de pérdida (CrossEntropyLoss) y el optimizador
(Adam), entrenamos el modelo y lo usamos para traducir
oraciones de un idioma a otro.

Ejercicio 21. Procesamiento de Lenguaje Natural con RNN.

Aquí tienes otro ejercicio de procesamiento de lenguaje natural
(NLP) que implica la generación de texto, pero esta vez

generaremos reseñas de películas utilizando una red neuronal recurrente (RNN):

```python
import torch
import torch.nn as nn
import torch.optim as optim
import numpy as np

# Datos de ejemplo (reseñas de películas)
reviews = [
 "The movie was amazing, loved every minute of it!",
 "Great acting and storyline, highly recommend it.",
 "Disappointing movie, wouldn't watch it again.",
 "The worst movie I've ever seen, complete waste of time."
]

# Tokenizar las palabras
word_to_idx = {}
idx_to_word = {}
word_idx = 0
tokenized_reviews = []




for review in reviews:
  tokens = review.lower().split()
  tokenized_review = []

  for token in tokens:
  if token not in word_to_idx:
```

```python
    word_to_idx[token] = word_idx
    idx_to_word[word_idx] = token
    word_idx += 1
    tokenized_review.append(word_to_idx[token])
    tokenized_reviews.append(tokenized_review)

# Definir el modelo de generación de texto (RNN)
class RNN(nn.Module):
 def __init__(self, input_size, hidden_size,
output_size):
  super(RNN, self).__init__()
  self.hidden_size = hidden_size
  self.embedding = nn.Embedding(input_size,
hidden_size)
  self.rnn = nn.RNN(hidden_size, hidden_size)
  self.fc = nn.Linear(hidden_size, output_size)

 def forward(self, input):
  embedded = self.embedding(input.view(1, -1))
  output, _ = self.rnn(embedded)
  output = self.fc(output.view(1, -1))
  return output

# Hiperparámetros
input_size = len(word_to_idx)
hidden_size = 128


output_size = len(word_to_idx)
learning_rate = 0.01
epochs = 100

# Instanciar el modelo, la función de pérdida y
el optimizador
model = RNN(input_size, hidden_size, output_size)
```

```python
criterion = nn.CrossEntropyLoss()
optimizer = optim.SGD(model.parameters(),
lr=learning_rate)

# Entrenamiento del modelo
for epoch in range(epochs):
 total_loss = 0
 for review in tokenized_reviews:
 model.zero_grad()
 input_tensor = torch.tensor(review[:-1],
dtype=torch.long)
 target_tensor = torch.tensor(review[1:],
dtype=torch.long)
 output = model(input_tensor)
 loss = criterion(output, target_tensor)
 loss.backward()
 optimizer.step()
 total_loss += loss.item()
 if (epoch + 1) % 10 == 0:
 print(f"Epoch [{epoch+1}/{epochs}], Loss:
{total_loss / len(tokenized_reviews)}")

# Función para generar una nueva reseña de
película
def generate_review(start_word, model,
word_to_idx, idx_to_word, max_length=20):



 model.eval()
 words = [start_word]
 for _ in range(max_length):
 input_tensor =
torch.tensor([word_to_idx[words[-1]]],
 dtype=torch.long)
 output = model(input_tensor)
```

```python
    _, predicted_idx = torch.max(output, 1)

    predicted_word =
idx_to_word[predicted_idx.item()]
    if predicted_word == '<eos>': # Fin de la
secuencia
    break
    words.append(predicted_word)
    return ' '.join(words)

# Generar una nueva reseña de película
start_word = 'the'
generated_review = generate_review(start_word,
model, word_to_idx, idx_to_word)
print("Generated Review:", generated_review)
```

En este ejemplo, entrenamos una red neuronal recurrente (RNN) para generar reseñas de películas basadas en reseñas de películas de ejemplo proporcionadas. Luego, usamos el modelo entrenado para generar una nueva reseña de película comenzando con una palabra específica ('the' en este caso). Este ejercicio es similar al de la generación de texto, pero en lugar de traducir o convertir texto, generamos texto nuevo basado en un patrón aprendido de los datos de entrenamiento.

Ejercicio 22. Generación de Texto con RNN.

Aquí tienes otro ejercicio similar que implica la generación de texto, pero en lugar de reseñas de películas, generaremos nombres de personajes ficticios utilizando una red neuronal recurrente (RNN):

```python
import torch
import torch.nn as nn
import torch.optim as optim
import numpy as np

# Lista de nombres de personajes ficticios
names = [
  "Aragorn",
  "Frodo",
  "Gandalf",
  "Legolas",
  "Gimli",
  "Bilbo",
  "Samwise",
  "Sauron",
  "Gollum",
  "Galadriel"
]

# Tokenizar los caracteres
char_to_idx = {}
idx_to_char = {}
char_idx = 0
tokenized_names = []
for name in names:
  tokens = list(name.lower())
  tokenized_name = []
  for token in tokens:
    if token not in char_to_idx:
      char_to_idx[token] = char_idx
      idx_to_char[char_idx] = token
      char_idx += 1
```

```python
        tokenized_name.append(char_to_idx[token])
    tokenized_names.append(tokenized_name)


# Definir el modelo de generación de texto (RNN)
class RNN(nn.Module):
    def __init__(self, input_size, hidden_size,
output_size):
        super(RNN, self).__init__()
        self.hidden_size = hidden_size
        self.embedding = nn.Embedding(input_size,
hidden_size)
        self.rnn = nn.RNN(hidden_size, hidden_size)
        self.fc = nn.Linear(hidden_size, output_size)

    def forward(self, input):
        embedded = self.embedding(input.view(1, -1))
        output, _ = self.rnn(embedded)
        output = self.fc(output.view(1, -1))
        return output


# Hiperparámetros
input_size = len(char_to_idx)
hidden_size = 128
output_size = len(char_to_idx)
learning_rate = 0.01
epochs = 100


# Instanciar el modelo, la función de pérdida y
el optimizador
model = RNN(input_size, hidden_size, output_size)
criterion = nn.CrossEntropyLoss()
optimizer = optim.SGD(model.parameters(),
lr=learning_rate)


# Entrenamiento del modelo
```

```python
for epoch in range(epochs):
 total_loss = 0
 for name in tokenized_names:
 model.zero_grad()
 input_tensor = torch.tensor(name[:-1],
dtype=torch.long)
 target_tensor = torch.tensor(name[1:],
dtype=torch.long)
 output = model(input_tensor)
 loss = criterion(output, target_tensor)
 loss.backward()
 optimizer.step()
 total_loss += loss.item()
 if (epoch + 1) % 10 == 0:
 print(f"Epoch [{epoch+1}/{epochs}], Loss:
{total_loss / len(tokenized_names)}")


# Función para generar un nuevo nombre de
personaje
def generate_name(start_char, model, char_to_idx,
idx_to_char, max_length=10):
 model.eval()
 chars = [start_char]
 for _ in range(max_length):
 input_tensor =
torch.tensor([char_to_idx[chars[-1]]],
dtype=torch.long)
 output = model(input_tensor)
 _, predicted_idx = torch.max(output, 1)
 predicted_char =
idx_to_char[predicted_idx.item()]
 if predicted_char == '<eos>': # Fin de la
 secuencia
 break
 chars.append(predicted_char)
```

```python
    return ''.join(chars)

# Generar un nuevo nombre de personaje
start_char = 'a'
generated_name = generate_name(start_char, model,
char_to_idx, idx_to_char)
print("Generated Name:",
generated_name.capitalize())
```

En este ejercicio, entrenamos una red neuronal recurrente (RNN) para generar nombres de personajes ficticios basados en una lista de nombres de ejemplo proporcionados. Luego, usamos el modelo entrenado para generar un nuevo nombre de personaje comenzando con un carácter específico ('a' en este caso). Este ejercicio es similar al de la generación de texto, pero en lugar de generar reseñas de películas, generamos nombres de personajes ficticios.

Ejercicio 23. Detección de Objetos con R-CNN

Aquí tienes un ejercicio de detección de objetos utilizando la arquitectura de Redes Neuronales Convolucionales (CNN) llamada Faster R-CNN. En este ejercicio, utilizaremos un conjunto de datos diferente y aplicaremos la detección de objetos en imágenes de personas con etiquetas de diferentes prendas de vestir:

```python
import torch
import torchvision
from torchvision.models.detection import
fasterrcnn_resnet50_fpn
from torchvision.transforms import functional as
F
import numpy as np
import matplotlib.pyplot as plt
import matplotlib.patches as patches

# Descargar y cargar el modelo Faster R-CNN
pre-entrenado en COCO
model = fasterrcnn_resnet50_fpn(pretrained=True)
model.eval()

# Clases de COCO (Clases que pueden ser
detectadas por el modelo pre-entrenado)
COCO_CLASSES = [
 '__background__', 'person', 'bicycle', 'car',
'motorcycle', 'airplane', 'bus',
 'train', 'truck', 'boat', 'traffic light', 'fire
hydrant', 'N/A', 'stop sign',
 'parking meter', 'bench', 'bird', 'cat', 'dog',
'horse', 'sheep', 'cow',
 'elephant', 'bear', 'zebra', 'giraffe', 'N/A',
'backpack', 'umbrella', 'N/A', 'N/A',
 'handbag', 'tie', 'suitcase', 'frisbee', 'skis',
'snowboard', 'sports ball',
 'kite', 'baseball bat', 'baseball glove',
'skateboard', 'surfboard', 'tennis racket',
```

```python
    'bottle', 'N/A', 'wine glass', 'cup', 'fork',
'knife', 'spoon', 'bowl',
    'banana', 'apple', 'sandwich', 'orange',
'broccoli', 'carrot', 'hot dog', 'pizza',
    'donut', 'cake', 'chair', 'couch', 'potted
plant', 'bed', 'N/A', 'dining table',
    'N/A', 'N/A', 'toilet', 'N/A', 'tv', 'laptop',
'mouse', 'remote', 'keyboard', 'cell phone',
    'microwave', 'oven', 'toaster', 'sink',
'refrigerator', 'N/A', 'book', 'clock', 'vase',
    'scissors', 'teddy bear', 'hair drier',
'toothbrush'
]


# Función para realizar la detección de objetos
en una imagen
def detect_objects(image_path, model,
threshold=0.5):
    image = Image.open(image_path).convert("RGB")
    image_tensor = F.to_tensor(image)
    outputs = model([image_tensor])
    boxes = outputs[0]['boxes'].detach().numpy()
    scores = outputs[0]['scores'].detach().numpy()
    labels = outputs[0]['labels'].detach().numpy()
    detected_objects = []
    for box, score, label in zip(boxes, scores,
labels):
    if score > threshold:
    detected_objects.append({
    'class': COCO_CLASSES[label],
    'box': box,
    'score': score
    })
    return detected_objects
```

```python
# Función para visualizar la imagen con las
detecciones de objetos
def plot_image_with_boxes(image_path,
detections):
 image = np.array(Image.open(image_path),
dtype=np.uint8)
 fig, ax = plt.subplots(1)
 ax.imshow(image)
 for detection in detections:
 class_name = detection['class']
 box = detection['box']
 score = detection['score']
 rect = patches.Rectangle((box[0], box[1]),
box[2] - box[0], box[3] - box[1], linewidth=1,
edgecolor='r', facecolor='none')
 ax.add_patch(rect)
 ax.text(box[0], box[1] - 5, f'{class_name}
{score:.2f}', fontsize=8, color='r')
 plt.axis('off')
 plt.show()

# Ejemplo de detección de objetos en una imagen
image_path = 'example_image.jpg'
detections = detect_objects(image_path, model)
plot_image_with_boxes(image_path, detections)
```

Este ejercicio utiliza la arquitectura Faster R-CNN pre-entrenada en el conjunto de datos COCO para detectar objetos en una imagen. La función detect_objects toma una imagen como entrada y devuelve las detecciones de objetos junto con sus clases, coordenadas de caja delimitadora y puntajes de confianza. Luego, la función `plot_image_with_boxes` visualiza la imagen con las detecciones de objetos resaltadas mediante cuadros delimitadores y etiquetas de clase.

Asegúrate de tener la biblioteca `matplotlib` instalada para visualizar las imágenes con las detecciones de objetos.

Ejercicio 24. Detección de Objetos con YOLO.

Aquí tienes otro ejercicio de detección de objetos utilizando una arquitectura diferente llamada YOLO (You Only Look Once):

```python
import torch
import torchvision.transforms as transforms
from PIL import Image, ImageDraw
from torchvision.models.detection import yolov3
from torchvision.models.detection import utils

# Descargar y cargar el modelo YOLO pre-entrenado
en COCO
model = yolov3(pretrained=True)
model.eval()

# Clases de COCO (Clases que pueden ser
detectadas por el modelo pre-entrenado)
COCO_CLASSES = [
 'person', 'bicycle', 'car', 'motorcycle',
'airplane', 'bus', 'train', 'truck', 'boat',
'traffic light',
 'fire hydrant', 'stop sign', 'parking meter',
'bench', 'bird', 'cat', 'dog', 'horse', 'sheep',
'cow',
 'elephant', 'bear', 'zebra', 'giraffe',
'backpack', 'umbrella', 'handbag', 'tie',
'suitcase', 'frisbee',
 'skis', 'snowboard', 'sports ball', 'kite',
'baseball bat', 'baseball glove', 'skateboard',
'surfboard',
 'tennis racket', 'bottle', 'wine glass', 'cup',
'fork', 'knife', 'spoon', 'bowl', 'banana',
'apple', 'sandwich',
 'orange', 'broccoli', 'carrot', 'hot dog',
'pizza', 'donut', 'cake', 'chair', 'couch',
'potted plant',
 'bed', 'dining table', 'toilet', 'tv', 'laptop',
'mouse', 'remote', 'keyboard', 'cell phone',
'microwave',
```

```python
    'oven', 'toaster', 'sink', 'refrigerator',
'book', 'clock', 'vase', 'scissors', 'teddy
bear', 'hair drier',
    'toothbrush'
]

# Transformación de imagen para preprocesar las
imágenes
transform =
transforms.Compose([transforms.ToTensor()])

# Función para realizar la detección de objetos
en una imagen
def detect_objects(image_path, model,
threshold=0.5):
 image = Image.open(image_path).convert('RGB')
 image_tensor = transform(image).unsqueeze(0)
 with torch.no_grad():
 prediction = model(image_tensor)[0]
 boxes = prediction['boxes']
 scores = prediction['scores']
 labels = prediction['labels']
 detected_objects = []
 for box, score, label in zip(boxes, scores,
labels):
 if score > threshold:
 class_name = COCO_CLASSES[label]

 detected_objects.append({
 'class': class_name,
 'box': box.tolist(),
 'score': score.item()
 })
 return detected_objects
```

```python
# Función para visualizar la imagen con las
detecciones de objetos
def plot_image_with_boxes(image_path,
detections):
  image = Image.open(image_path).convert('RGB')
  draw = ImageDraw.Draw(image)
  for detection in detections:
  class_name = detection['class']
  box = detection['box']
  score = detection['score']
  draw.rectangle(box, outline='red')
  draw.text((box[0], box[1]), f'{class_name}
{score:.2f}', fill='red')
  image.show()

# Ejemplo de detección de objetos en una imagen
image_path = 'example_image.jpg'
detections = detect_objects(image_path, model)
plot_image_with_boxes(image_path, detections)
```

Este ejercicio utiliza la arquitectura YOLO pre-entrenada en el conjunto de datos COCO para detectar objetos en una imagen. La función `detect_objects` toma una imagen como entrada y devuelve las detecciones de objetos junto con sus clases, coordenadas de caja delimitadora y puntajes de confianza. Luego, la función `plot_image_with_boxes` visualiza la imagen con las detecciones de objetos resaltadas mediante cuadros delimitadores y etiquetas de clase.

Asegúrate de tener la biblioteca `PIL` instalada para cargar y visualizar las imágenes, y la biblioteca `torchvision` para utilizar la arquitectura YOLO pre-entrenada.

Ejercicio 25. Sistema de recomendación de Productos con Filtrado Colaborativo.

Aquí tienes un ejemplo de cómo implementar un sistema de recomendación de productos utilizando la técnica de filtrado colaborativo basado en memoria, específicamente la implementación de User-Based Collaborative Filtering (Filtrado colaborativo basado en usuarios) utilizando la biblioteca Surprise en Python:

```python
from surprise import Dataset, Reader, KNNBasic
from surprise.model_selection import train_test_split
from surprise import accuracy

# Dataset de ejemplo de películas de Movielens
data = Dataset.load_builtin('ml-100k')

# Definir un lector para el formato del conjunto
de datos
reader = Reader(line_format='user item rating timestamp', sep='\t')

# Cargar el conjunto de datos utilizando el
lector


data = Dataset.load_from_file('path/to/data',
reader=reader)


# Dividir el conjunto de datos en entrenamiento y
prueba
trainset, testset = train_test_split(data,
test_size=0.2)
```

```python
# Entrenar el modelo de filtrado colaborativo
basado en usuarios
model = KNNBasic(sim_options={'user_based':
True})
model.fit(trainset)

# Evaluar el modelo
predictions = model.test(testset)
accuracy.rmse(predictions)

# Función para obtener recomendaciones para un
usuario dado
def get_recommendations(user_id, model, n=10):
  # Obtener ítems no vistos por el usuario
  unseen_items = [item for item in
trainset.all_items() if item not in
trainset.ur[user_id]]

  # Obtener predicciones de calificación para los
ítems no vistos
  predictions = [model.predict(user_id, item) for
item in unseen_items]


  # Ordenar las predicciones por calificación
descendente y tomar las primeras n
  top_predictions = sorted(predictions, key=lambda
x: x.est, reverse=True)[:n]


  # Retornar los ítems recomendados junto con sus
calificaciones estimadas
  recommendations = [(pred.iid, pred.est) for pred
in top_predictions]
```

```python
    return recommendations

# Ejemplo de obtener recomendaciones para un
usuario específico
user_id = 'user123'
recommendations = get_recommendations(user_id,
model)
print(f"Top recommendations for user {user_id}:
{recommendations}")
```

En este ejemplo, utilizamos la biblioteca Surprise para cargar un conjunto de datos de ejemplo (por ejemplo, MovieLens), dividirlo en conjuntos de entrenamiento y prueba, y entrenar un modelo de filtrado colaborativo basado en usuarios. Luego, evaluamos el modelo en el conjunto de prueba y definimos una función `get_recommendations` para obtener recomendaciones para un usuario dado basado en los ítems no vistos y las calificaciones estimadas por el modelo. Finalmente, probamos la función `get_recommendations` para obtener recomendaciones para un usuario específico.

Mejores Prácticas y Consejos para la Implementación de Productos.

Aquí tienes algunas mejores prácticas y consejos para la implementación de sistemas de recomendación de productos:

- *Entender los requisitos del negocio:* Antes de comenzar a implementar un sistema de recomendación, es crucial comprender los requisitos del negocio y las necesidades de los usuarios. Esto ayudará a determinar qué tipo de sistema de recomendación es más adecuado (basado en contenido, filtrado colaborativo, etc.) y qué métricas de evaluación son relevantes.
- *Recopilar y limpiar datos de alta calidad:* La calidad de los datos es fundamental para el éxito de un sistema de recomendación. Asegúrate de recopilar datos relevantes y precisos sobre el comportamiento de los usuarios y los atributos de los productos. Además, es importante realizar una limpieza de datos exhaustiva para eliminar valores atípicos, datos faltantes y errores.
- *Seleccionar el algoritmo adecuado:* Existen diferentes algoritmos y técnicas para implementar sistemas de recomendación, como el filtrado colaborativo, el filtrado basado en contenido, el filtrado híbrido, etc. Es importante seleccionar el algoritmo más adecuado según las características de tus datos y los requisitos del negocio.
- *Dividir los datos en conjuntos de entrenamiento y prueba:* Para evaluar el rendimiento del sistema de recomendación, es crucial dividir los datos en conjuntos de entrenamiento y prueba. Esto permite probar el rendimiento del modelo en datos no vistos y detectar posibles problemas de sobreajuste.
- *Optimizar los hiperparámetros del modelo:* La optimización de hiperparámetros es un paso importante en el desarrollo

de modelos de aprendizaje automático, incluidos los sistemas de recomendación. Ajusta los hiperparámetros del modelo mediante técnicas como la búsqueda en cuadrícula o la optimización bayesiana para mejorar el rendimiento del modelo.

- *Evaluar el rendimiento del modelo de manera adecuada:* Utiliza métricas de evaluación apropiadas para medir el rendimiento del sistema de recomendación, como el error cuadrático medio (RMSE), la precisión, la exhaustividad, etc. Considera también el contexto específico del negocio al interpretar estas métricas.

- *Proporcionar recomendaciones interpretables y explicables:* Es importante que las recomendaciones proporcionadas por el sistema sean interpretables y explicables para los usuarios. Esto aumenta la confianza del usuario en el sistema y facilita la adopción y aceptación.

- *Implementar mecanismos de retroalimentación y actualización continua:* Los sistemas de recomendación deben ser capaces de adaptarse a los cambios en los datos y las preferencias de los usuarios. Implementa mecanismos de retroalimentación para recopilar comentarios de los usuarios y actualiza el modelo de forma regular para mejorar su rendimiento a lo largo del tiempo.

- *Considerar la privacidad y la ética:* Asegúrate de cumplir con las regulaciones de privacidad de datos y considerar los aspectos éticos relacionados con la recopilación y el uso de datos de los usuarios. Protege la privacidad de los usuarios mediante técnicas como el anonimato y el cifrado de datos sensibles.

- *Realizar pruebas exhaustivas y monitoreo continuo:* Antes de implementar un sistema de recomendación en producción, realiza pruebas exhaustivas para detectar posibles problemas y garantizar un funcionamiento adecuado.

Además, establece un sistema de monitoreo continuo para supervisar el rendimiento del sistema y abordar cualquier problema que pueda surgir.

Conclusiones:

"En este libro, hemos explorado una variedad de ejercicios diseñados para ayudarte a aprender y comprender los conceptos fundamentales de PyTorch, una poderosa biblioteca de aprendizaje automático en Python. Comenzamos con una explicación detallada de los aspectos importantes de PyTorch, incluyendo tensores, operaciones básicas, autograd, optimización y creación de modelos. A partir de ahí, nos sumergimos en 25 ejercicios prácticos que cubren una amplia gama de aplicaciones, desde la clasificación de imágenes hasta la generación de texto y la detección de objetos.

Cada ejercicio fue diseñado para ser instructivo y desafiante, permitiéndote aplicar los conceptos que aprendiste en situaciones del mundo real. A lo largo del libro, te familiarizaste con la sintaxis de PyTorch, las mejores prácticas de programación y las técnicas avanzadas para construir y entrenar modelos de aprendizaje automático.

Esperamos que hayas encontrado estos ejercicios útiles y estimulantes en tu viaje de aprendizaje con PyTorch. A medida que continúas explorando y aplicando este poderoso marco, te animamos a experimentar con nuevos conceptos, proyectos y desafíos. Con PyTorch, las posibilidades son infinitas, y estamos emocionados de ver cómo utilizarás esta herramienta para innovar, aprender y crear en el campo del aprendizaje automático y más allá."